Claude Didierjean-Jouveau
Martine Laganier

maman bio

mon bébé de la naissance à 2 ans

EYROLLES

Dans le sommaire, les puces de couleur verte (•) indiquent qu'il s'agit d'un texte écrit par Claude Didierjean-Jouveau et les puces de couleur rose (•) d'un texte écrit par Martine Laganier.

Sommaire

Préface

Être une « maman bio », qu'est-ce que ça signifie ? Ça peut tout à la fois dire beaucoup et peu de choses. Ce terme pourrait désigner toutes les nouvelles mamans qui se retrouvent autour de valeurs un peu différentes de celles que la société leur propose, toutes ces femmes qui s'interrogent en regardant le monde qu'elles laisseront à leurs enfants...

Loin d'être rétrogrades, ces mamans bio sont en avance sur leur temps et augurent d'une nouvelle ère. Sans faire de compromis sur la vie moderne, elles souhaitent donner à leurs petits le meilleur de ce que la nature leur a offert :

- allaiter le mieux et le plus longtemps possible : geste écologique par excellence, l'allaitement est encore mal perçu en France. L'Organisation mondiale de la santé le recommande pourtant exclusivement jusqu'aux 6 mois de l'enfant, puis comme aliment principal jusqu'à 1 an ;
- prévenir au mieux les maladies avec les médecines douces ;
- procurer des soins avec ce que la nature offre de trésors ;
- accueillir l'enfant dans la famille en respectant son rythme et ses attentes ;
- (ré)apprendre à faire confiance à leur instinct de mère.

Je salue ici la justesse des propos des auteurs, Claude Didierjean-Jouveau, grande spécialiste de l'allaitement maternel en France et auteur de nombreux ouvrages autour de l'allaitement, de la naissance et du maternage, et Martine Laganier, journaliste depuis de nombreuses années au très sérieux, mais non moins *Impatient* magazine, *Alternative-Santé*. Ce magnifique duo nous offre ici le livre qui m'aurait comblée, si je l'avais eu en mains après la naissance de mes trois filles !

Plongez-vous avec délice dans cette noble matière à lire, relire, méditer et à mettre dans toutes les mains des jeunes mamans et papas... bio !

Anne Ghesquière

chapitre 1

J'accueille mon bébé

Même si l'arrivée d'un bébé peut être l'occasion d'une remise en question alimentaire, écologique et familiale, être une maman bio ne commence généralement pas le jour de la naissance.

C'est souvent le fruit d'une réflexion et d'une recherche pour vivre une grossesse, un accouchement et des suites de couches plus « naturels ». Cette recherche et cette réflexion peuvent même avoir précédé la conception de l'enfant[1].

Ce qui se passe avant la naissance ne rentrant pas dans le cadre de notre ouvrage, nous ne l'aborderons pas ici[2]. Nous voulons juste en quelques mots évoquer les minutes, les heures, les jours qui suivent la naissance. Car ce sont des moments très importants pour le devenir d'un bébé et pour les relations parents/enfants.

Juste après la naissance, sur le ventre de maman

Dans l'idéal, si aucune urgence médicale ne l'empêche, votre bébé devrait, juste après la naissance, être séché, posé sur votre ventre et couvert d'une couverture.

Le saviez-vous ?

Le cordon ombilical ne devrait pas être coupé trop vite. Une étude réalisée en 2006[3] a montré qu'il suffit de retarder de deux petites minutes son clampage pour augmenter significativement les réserves de fer d'un bébé : l'augmentation peut aller de 27 à 47 mg, soit l'équivalent des besoins d'un enfant pendant un ou deux mois !

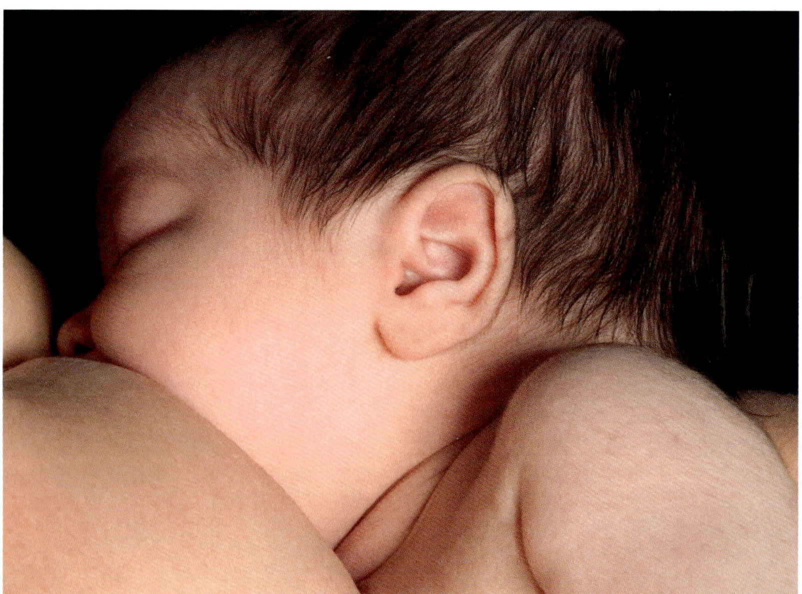

Tous les examens, tests, mesures, traitements, s'ils doivent être faits (et l'on s'interroge sur l'utilité d'un certain nombre) pourraient et devraient être repoussés après ce temps de peau à peau.

Ainsi posé en peau à peau, votre bébé sera dans les conditions idéales pour découvrir le sein et prendre sa première tétée[4] (voir le chapitre 2).

Les deux ou trois heures qui suivent la naissance sont un temps très particulier d'« hyperéveil », où les sens de la mère comme ceux du bébé sont sollicités pour une découverte mutuelle. C'est un moment intime où vous devriez être dérangés le moins possible.

Bébé sent

L'odorat est particulièrement important, car c'est lui qui va guider votre nouveau-né vers le sein. L'aréole dégage des odeurs semblables à celles du liquide amniotique, qui font que le bébé se retrouve « en terrain connu » dès sa sortie. On comprend donc l'intérêt de ne pas le baigner ou le nettoyer tout de suite : l'enfant portant souvent ses doigts à sa bouche, enlever les odeurs connues de ses mains ne ferait que lui faire perdre ses repères olfactifs.

Elles le vivent

Carine : « Mon bébé n'a eu aucun soin “inutile”. Il n'a été ni “aspiré” ni baigné (il a pris son premier bain deux jours après sa naissance), et il est resté sur moi, en peau à peau, pendant plus de deux heures. Il a profité de ma chaleur et de mon lait, il a tété dès ses premières minutes de vie. Je pense que cela a contribué à créer ce lien très fort qui nous unit à présent. »

Les premiers jours

La meilleure chose à faire est de garder votre bébé avec vous.

On peut dire que les premiers temps, votre corps reste en quelque sorte l'« habitat naturel » de votre bébé, même s'il est dehors et non plus dedans.

D'ailleurs, lorsqu'on le sort de cet « habitat naturel », il a tendance à protester ! Nombreuses sont les études montrant que les bébés posés dans un berceau pleurent davantage que ceux qui sont sur le corps de leur mère. L'une d'elles[5] a trouvé que si les premiers pleuraient sept à quarante-deux secondes par période de cinq minutes, les seconds ne pleuraient pas du tout.

> **Elles le vivent**
>
> Léa : « Lorsque la sage-femme est venue me montrer comment installer la barrière de lit, et m'a dit que si je voulais dormir avec mon bébé, nous serions bien mieux ainsi, j'ai été totalement rassurée. »

C'est aussi la meilleure façon de bien faire démarrer la lactation, si vous allaitez. En effet, les premiers temps, certains bébés sont très endormis. Si vous attendez que votre enfant se manifeste en pleurant, il se peut qu'il ne le fasse pas, que vous passiez à côté de sa demande, et que vous vous retrouviez avec une lactation qui ne démarre pas bien et un bébé qui perd trop de poids, tout simplement parce qu'il ne tète pas assez.

D'où l'intérêt de garder votre bébé tout près de vous : cela vous permettra de pratiquer un allaitement « aux signes d'éveil », qui consiste à offrir le sein au bébé dès qu'il en manifeste le besoin, sans attendre pour cela qu'il pleure.

Ajoutons que le nouveau-né en contact avec sa mère a aussi une température, une oxygénation, un rythme cardiaque et respiratoire meilleurs et plus stables. Son adaptation métabolique est plus rapide, il économise ses réserves glucidiques, et produit dix fois moins de glucocorticoïdes (des hormones libérées en cas de stress).

Ne croyez pas ceux qui vous disent que vous vous reposerez mieux sans votre bébé : plusieurs études ont montré que les mères dont le bébé est à la nursery la nuit ne dorment ni mieux ni plus longtemps que celles qui l'ont à leur côté[6].

Prenez aussi soin de vous

Dans les sociétés traditionnelles, le corps de la nouvelle mère fait l'objet de soins très précis, très codifiés, son alimentation est spécifique, et elle doit rester au repos.

Chez nous, au contraire, elle est debout très vite, à porter des charges, alors que les abdominaux, écartés par la grossesse, ne peuvent soutenir les organes à leur place. D'où des incontinences, des descentes d'organes, des douleurs périnéales, des pesanteurs pelviennes... qui pourraient être évitées, notamment par un travail de maintien, de « refermement » du bassin[7] (voir aussi au chapitre 13).

Reposez-vous, la seule chose dont vous avez à vous occuper, c'est de votre bébé, et c'est déjà beaucoup !

Essayez de préserver votre bulle en limitant les visites.

Elles le vivent

Laurence : « Pour notre premier enfant, né un vendredi, toute la famille et tous les amis avaient déboulé à la maternité le week-end. Le dimanche soir, j'étais complètement épuisée, et le bébé très énervé. Pour le deuxième, j'ai demandé au papa de filtrer très sévèrement les visites. Et on n'a annoncé la naissance qu'au bout de trois jours, c'était beaucoup mieux ! »

Veillez aussi à votre alimentation. Quitte à vous faire apporter par le papa des nourritures appétissantes et reconstituantes, car l'ordinaire de l'hôpital n'est généralement pas très adapté à votre état de nouvelle accouchée (sans même parler d'être bio !).

chapitre 2

Je nourris mon bébé

Dès la naissance, la principale préoccupation des parents est de nourrir le bébé.

De le nourrir afin qu'il grossisse et grandisse comme il faut.

De le nourrir afin qu'il soit en bonne santé, maintenant et plus tard. Car l'on sait bien aujourd'hui (et des parents bio le savent encore mieux), à quel point l'alimentation influe sur l'état de santé d'un individu.

Allaiter, c'est (bio)logique !

La nourriture bio d'un bébé, c'est le lait maternel.

Le lait humain est en effet le résultat de millions d'années d'évolution qui en ont fait l'aliment spécialement adapté au petit humain (comme le lait de lionne est adapté au lionceau, le lait de baleine au baleineau, le lait de la femelle hérisson au petit hérisson, et le lait de vache... au veau).

Une composition adaptée

La composition du lait de femme permet un développement optimum de l'enfant, en particulier une croissance rapide de son cerveau. Il offre notamment :

- une bonne proportion lipides-protides (sans doute un des facteurs de prévention de l'obésité);
- un faible taux de caséine et la protéine du « petit-lait » en abondance (d'où une grande digestibilité);
- un faible taux de certains sels et minéraux (d'où un moindre travail d'élimination pour les reins);
- des minéraux et vitamines en quantités et proportions idéales (par exemple le rapport calcium-phosphore) et très bien assimilés;

Le saviez-vous ?

Près de 50 % du fer présent dans le lait maternel est assimilé, contre seulement 4 % dans le cas des laits artificiels enrichis en fer.

- un taux important de lactose (source d'énergie rapide, facteur de croissance de bactéries qui empêchent le développement d'autres bactéries responsables de diarrhées, facteur de développement du système nerveux...);

Le saviez-vous ?

Plus le cerveau d'une espèce est volumineux, plus le taux de lactose dans son lait est élevé.

- une présence dans les bonnes proportions d'acides gras à très longue chaîne, de taurine (totalement absente du lait de vache) et d'agents antioxydants comme le β-carotène, de vitamine E ou d'inositol, tous importants pour le développement des fonctions neurologiques et visuelles.

Plus que de la nourriture

Le lait maternel, c'est aussi un nombre incalculable de facteurs de protection : anticorps, lactoferrine, lysozyme, caséine, fibronectine, protectine, protéines du complément, mucine, lactadhérine, lymphocytes, cytokines, enzymes comme la catalase, oligosaccharides, etc., etc.

Tous ces éléments (et l'on en découvre de nouveaux chaque jour) non seulement jouent un rôle important pour la protection de l'enfant pendant la période d'allaitement, mais ont aussi un impact à long terme, en aidant à la mise en place du système immunitaire de l'enfant.

De bonnes bactéries

Une étude[8] récente a montré que le lait maternel participe également à la mise en place du système immunitaire en transportant des bactéries ayant pour origine l'intestin de la mère. Ainsi, il aiderait à la constitution de la flore microbienne digestive du bébé, essentielle pour l'« éducation » des fonctions immunitaires.

Une désensibilisation précoce

Une équipe française a récemment découvert[9] le mécanisme par lequel l'allaitement préviendrait les allergies : lorsqu'une mère allaitante respire de potentiels allergènes, ceux-ci pourraient passer dans le lait et être transmis au bébé. Cette voie de transmission pourrait être particulièrement efficace pour rendre l'enfant tolérant à cet allergène. En somme, une sorte de désensibilisation précoce !

Des cellules souches

Des bactéries (utiles), des allergènes (utiles)... Que pourrait bien encore contenir le lait maternel ?

Selon des chercheurs australiens, des cellules souches !

Pour le Dr Cregan, qui a fait cette découverte avec son équipe, les seins d'une nouvelle mère prennent, à la naissance, le relais du placenta pour faire en sorte que la destinée génétique du bébé s'accomplisse correctement. Et il ajoute : « Les fabricants de lait industriel se sont polarisés sur le fait d'égaler les qualités nutritives du lait maternel, mais jamais leurs produits ne pourront assurer cette bonne conduite du développement de l'enfant (*developmental guidance*). »

La fabrique d'anticorps

Le lait maternel ne se contente pas de fourmiller d'anticorps « généralistes ». Il fabrique également des anticorps spécifiques, sur mesure en quelque sorte. Comme le dit le Dr Newman[10], « c'est l'un des aspects les plus fascinants des effets protecteurs de l'allaitement. Lorsqu'une mère a été exposée à différents virus et bactéries, son lait contient des anticorps spécifiques pour détruire ces germes. Par exemple, si elle est exposée au virus de la grippe, au bout de quelques heures son lait contiendra des anticorps spécifiques à ce virus. C'est miraculeux ! »

C'est ce qu'on appelle le cycle entéro-mammaire.

Les effets sur la santé de l'enfant...

De fait, toutes les études de ces vingt dernières années le confirment : les bébés allaités sont statistiquement en meilleure santé (moins de maladies gastro-intestinales, d'affections ORL...), et ils feront des enfants et des adultes en meilleure santé également (prévention de l'obésité, du diabète, des maladies cardio-vasculaires, des allergies, de certains cancers, meilleur développement neurologique, etc.). En voici quelques exemples :

Moins de diarrhées

Une simulation faite en France en 2005[11] estimait que si la proportion d'enfants allaités y était la même qu'en Norvège (99 % à la naissance, 42 % à 9 mois), 8 000 cas de diarrhées à rotavirus (le germe le plus souvent incriminé dans les diarrhées aiguës) et 1 000 hospitalisations pourraient être évités chaque année.

Une prévention de l'obésité

Une étude parue en 2006[12] a confirmé l'effet préventif de l'allaitement sur l'obésité infantile, effet qui intéresse énormément les acteurs de la santé publique dans les pays riches, confrontés qu'ils sont à une véritable épidémie d'obésité. Faite sur plus de 15 000 enfants âgés en moyenne de 9 à 14 ans, elle a montré que l'allaitement maternel exclusif diminuait le risque de surpoids dans l'enfance de 44 % par rapport à une alimentation artificielle exclusive.

Une prévention contre les risques cardio-vasculaires

Une étude réalisée en 2007 sur 393 mères et 962 de leurs enfants adultes[13] a établi que l'allaitement prévenait les maladies cardio-vasculaires dans la mesure où il abaissait l'IMC (index de masse corporelle) et augmentait le taux moyen de « bon » cholestérol (HDL) à l'âge adulte.

… et de la maman

Sans oublier que l'allaitement est également bon pour la santé de la mère. Avoir allaité entraîne une diminution du risque de cancers féminins (en particulier celui du sein), de l'ostéoporose, et même du diabète. Une étude de 2005 a montré[14] qu'avoir allaité diminue le risque d'apparition du diabète de type II. Plus vous avez allaité longtemps et moins vous risquez de le développer : allaiter un an diminue le risque de 15 %, et chaque tranche de douze mois supplémentaire le diminue également de 15 %.

En savoir plus
La brochure PNNS éditée par le ministère de la Santé, *Allaitement maternel. Les avantages pour la santé de l'enfant et de sa mère* se trouve à l'adresse :
www.sante.gouv.fr/htm/pointsur/nutrition/allaitement.pdf

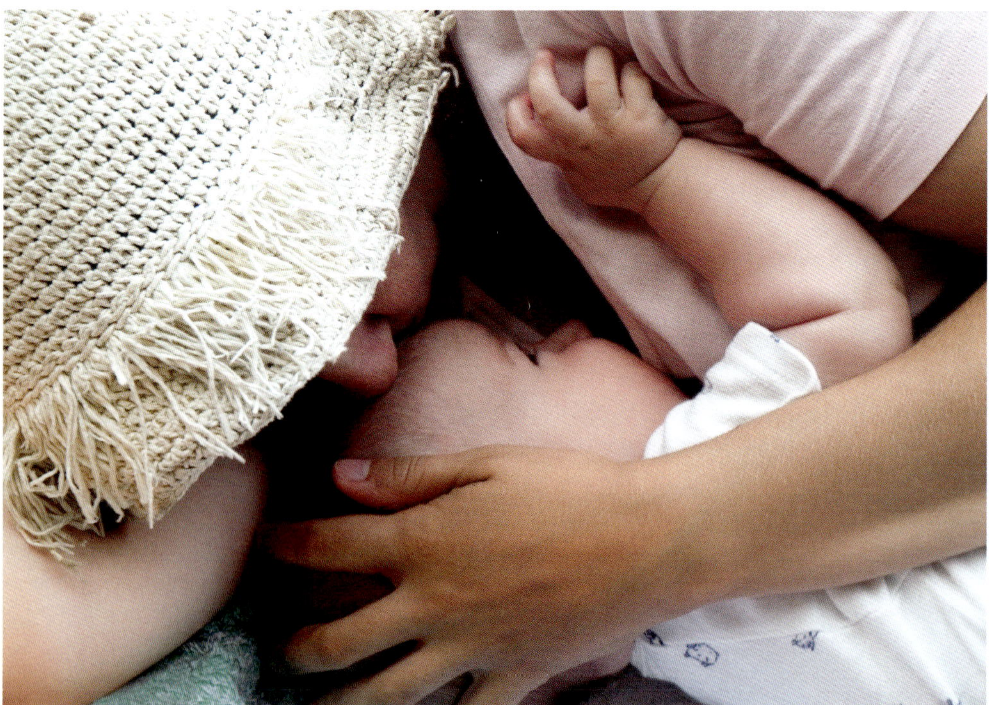

L'allaitement au fil des jours

Beaucoup de futures mères disent qu'elles allaiteront « si ça marche », ou encore qu'elles vont « essayer » d'allaiter. Elles ont dû entendre beaucoup de femmes dire que pour elles, ça n'avait pas marché, qu'elles avaient dû arrêter très vite. Mais dans l'immense majorité des cas, avec un peu d'information et de soutien, ces échecs auraient pu être évités.

Voici donc quelques-uns des points les plus importants pour un allaitement réussi.

À la naissance

Dans l'idéal, dès que le bébé naît, il devrait être laissé en peau à peau sur le corps de sa mère, libre de découvrir le sein à son rythme. Les soins ne devraient être faits qu'après cette première tétée.

Il est important que vous gardiez votre bébé avec vous pendant ces premiers moments, car le réflexe de fouissement (qui consiste pour le bébé à chercher activement le sein et à le prendre efficacement par lui-même) est au plus fort pendant les deux ou trois heures qui suivent la naissance.

Elles le vivent

Léa : « Dès la naissance, la sage-femme a posé mon bébé, encore tout chaud, sur mon ventre. Et là, chose incroyable, il a rampé vers le sein en enfouissant son nez et sa bouche. C'était très émouvant. Il a tout de suite trouvé le sein : un vrai expert ! »

Les positions d'allaitement

Il est important que vous soyez installée confortablement, sans crispation. Mais il est surtout essentiel que votre bébé soit dans une bonne position, pour bien prendre le sein.

Diverses positions sont possibles : en berceau, en berceau inversé, en ballon de rugby, en position allongée...[15]

Quelle que soit la position adoptée, il faut vous assurer que votre bébé ne prend pas seulement le mamelon, mais bien une bonne «bouchée» de sein. Voici la position qu'il doit avoir :

- son corps contre le vôtre, au niveau des seins;
- sa bouche face à votre sein;
- son oreille, son épaule et sa hanche suivant une ligne droite imaginaire.

Quand il ouvre grand la bouche, pointez le mamelon vers le fond de son palais, et plaquez-le rapidement contre vous, son menton contre votre sein, ses deux lèvres ourlées vers l'extérieur, sa langue en gouttière sous votre mamelon. Il doit avoir en bouche une plus grande proportion de la partie inférieure de votre sein.

Elles le vivent

Marianne : «Je dois reconnaître qu'au début, j'ai compté le nombre de tétées. Mais j'ai vite abandonné, cela m'angoissait de voir que mon bébé ne rentrait pas dans les normes indiquées dans les manuels. Heureusement, les sages-femmes m'avaient conseillé de ranger ma montre dans un tiroir et de me fier au bébé.»

La fréquence et la durée des tétées

Il n'y a aucun temps particulier à respecter entre deux tétées. Vous pouvez offrir le sein au bébé dès qu'il manifeste par un signe ou un autre son envie de téter (il tourne la tête, ouvre la bouche, fait des mouvements de succion, etc.). Pas besoin d'attendre qu'il pleure !

Le nombre de tétées peut être plus important que ce que vous avez l'habitude d'entendre : les premiers temps, la moyenne est de 8 à 12 par 24 heures. Mais cela reste une moyenne : l'important est de suivre votre bébé et de vous assurer qu'il boit tout ce dont il a besoin.

Il n'y a pas de durée fixe pour une tétée, le mieux est de laisser votre bébé téter jusqu'à ce qu'il lâche lui-même le sein.

Le saviez-vous ?

Certaines femelles mammifères, telles les lionnes ou les biches, laissent leurs petits dans des nids ou des terriers, et ne reviennent les voir que toutes les six à douze heures. Elles font partie des espèces « à caches ». Leur lait est très riche en graisses et en protéines, et permet aux petits d'être rassasiés pour de longues périodes.

En comparaison, le lait de femme, moins « concentré » et moins riche en calories, suppose un écart entre les tétées variant entre vingt minutes et deux heures. Il se digère très vite, notamment en raison de son faible taux de caséine.

Et la nuit ?

À la naissance, le bébé sort d'un milieu où il était nourri 24 heures sur 24 par le cordon ombilical. Son estomac est minuscule, vite rempli d'un lait qui se digère facilement et rapidement. Il a également besoin de sentir la présence rassurante de ses parents, et ses cycles de sommeil sont beaucoup plus courts que chez l'adulte. Aussi lui faudra-t-il plusieurs mois avant de pouvoir « tenir » plusieurs heures sans s'éveiller.

Mais comment faire pour ne pas être épuisée par les tétées nocturnes ?

Depuis toujours, partout dans le monde, la plupart des mères allaitantes ont évité cette fatigue en gardant leurs bébés près d'elles (voir au chapitre 3).

Vous gagnerez aussi beaucoup à savoir allaiter en position allongée, à ne pas changer systématiquement votre bébé pendant la nuit et à profiter de ses siestes pour vous reposer pendant la journée.

Les jours de pointe

À certaines périodes, les bébés allaités se mettent brusquement à réclamer beaucoup plus souvent à téter. Cela se produit généralement vers 2 ou 3 semaines, 6 semaines et 3 mois.

Faute d'un terme plus adéquat, on appelle ces périodes « poussées de croissance », car on pense qu'elles correspondent à des moments où le bébé grandit et grossit, ce qui engendre des besoins accrus.

Certains remettent aujourd'hui en cause cette explication.

Quoi qu'il en soit et quelle que soit la cause, le piège, à ce moment-là, serait de croire que vous n'avez pas ou plus assez de lait ou que ce lait n'est pas ou plus assez riche. Et en conséquence de commencer à donner des compléments de lait artificiel.

En fait, il suffit simplement de laisser votre bébé téter aussi souvent et aussi longtemps qu'il veut pour voir votre lactation augmenter, et les choses revenir « à la normale » en quelques jours.

Est-ce qu'allaiter fatigue ?

C'est sans doute un des mythes les plus répandus chez nous : allaiter serait épuisant pour les mères.

Bien sûr, les premières semaines avec un nouveau-né sont éprouvantes physiquement et nerveusement. Rien dans notre vie antérieure ne nous a préparées à être responsables 24 heures sur 24 d'un être qui dépend entièrement de nous pour sa survie et son bien-être. Répondre aux besoins d'un nouveau-né, cela prend beaucoup d'énergie.

Mais l'allaitement en soi n'ajoute rien à cette fatigue. Arrêter d'allaiter pour être moins fatiguée (comme l'entourage le conseille souvent) n'est pas un bon plan. Une étude de 1998[16], qui s'est penchée sur la fatigue des mères pendant les neuf premières semaines après la naissance, a montré qu'il n'existait de ce point de vue aucune différence entre les mères qui avaient entretemps arrêté d'allaiter et celles qui allaitaient toujours.

Et n'oubliez pas que le sein n'est pas que de la nourriture : le bébé peut avoir envie de téter davantage, pas uniquement en raison de sa faim.

En savoir plus

Le feuillet du Dr Newman, *Divers traitements pour quelques problèmes :* www.lllfrance.org/allaitement-information/newman/feuillet-24-chou-herbes-lecithine.htm

Et pour avoir plus de lait ?

Face à la crainte récurrente de « manquer » de lait, vous pouvez être tentée de prendre quelque chose pour « booster » votre lactation.

N'oubliez pas que le meilleur galactogène est la succion même du bébé. La plupart des insuffisances de lactation sont dues à une mauvaise conduite de l'allaitement, c'est-à-dire au fait que le bébé ne tète pas suffisamment et/ou n'a pas une succion efficace. C'est donc sur ces points qu'il faut travailler en premier. En règle générale, il suffit de laisser le bébé téter davantage, voire de tirer son lait en plus des tétées, pour voir la lactation remonter.

Cela dit, dans certains cas, un petit coup de pouce peut être utile. Il existe effectivement un certain nombre de plantes dont l'effet galactogène est avéré. Notamment le fenugrec, qui se trouve facilement sous forme de gélules en pharmacie ou en magasin diététique.

Comment se nourrir ?

Une mère qui allaite a bien sûr tout intérêt à avoir une alimentation saine et équilibrée, mais rien ne l'oblige à manger certains aliments ni à en éviter d'autres. Même si, dans certains cas, le bébé peut être dérangé par un aliment mangé par sa mère, c'est plutôt inhabituel.

Vous n'avez pas besoin de boire du lait pour produire du lait. Vous n'avez pas à éviter les aliments épicés, l'ail, le chou ou les asperges.

Bébé allaité, bébé gourmet

On a longtemps enjoint aux femmes allaitantes d'éviter certains aliments qui « donnaient du goût au lait ». On sait maintenant que tous les aliments donnent du goût au lait, un goût plus ou moins fort selon la quantité de principes volatils que contient l'aliment. Dès sa naissance (et même avant, puisque ce qui est vrai au sujet du lait maternel l'est aussi à propos du liquide amniotique), bébé est invité à la table familiale ! On sait aussi qu'il apprécie ces goûts, même prononcés. On a par exemple demandé à des mères d'absorber des capsules d'ail. Une heure ou deux après, le lait avait une odeur d'ail, mais les bébés, loin de faire la grimace, ont tété davantage et consommé plus de lait.

Vous n'avez pas besoin de manger beaucoup plus pour produire plus. Certaines femmes mangent plus, d'autres moins, d'autres encore ne voient pas de différence, et ce sans conséquences sur leur santé, celle de leur enfant ou sur la production de lait. Bien que le processus de fabrication du lait maternel ne soit pas encore entièrement élucidé, il est établi qu'il ne nécessite pas beaucoup d'énergie. Pendant la lactation, le métabolisme de votre corps est plus efficace dans sa consommation de calories et de minéraux.

Enfin, la mère qui allaite n'a pas besoin de se forcer à boire de grandes quantités de liquide. Elle doit boire à sa soif, sans plus. Certaines mères ont soif tout le temps, mais d'autres ne boivent pas plus que d'habitude.

Alcool, tabac, pollution...

Il est bien sûr souhaitable pour tout le monde de mener une vie aussi saine que possible. Néanmoins, si ce n'est pas tout à fait le cas, il faut savoir que les avantages de l'allaitement l'emportent très largement sur les inconvénients occasionnés par les divers polluants.

Il est bien sûr préférable pour une mère de ne pas fumer. Mais de nombreuses études tendent à montrer qu'il vaut sans doute mieux fumer et allaiter plutôt que fumer et donner du lait artificiel. Une étude portant sur 1218 enfants de mères fumeuses[17] a, par exemple, montré que le non-allaitement multipliait le risque de maladies respiratoires par sept.

Si vous fumez, faites-le après la tétée et hors de la présence du bébé.

Si une consommation d'alcool faible et occasionnelle peut être compatible avec l'allaitement[18], une consommation régulière et importante peut entraîner une diminution du réflexe d'éjection, une baisse de la consommation de lait (malgré des tétées plus nombreuses), un gain de poids insuffisant, des somnolences chez le bébé, etc.

Deux ou trois tasses de café ne causent pas de problèmes à la plupart des femmes allaitantes et à leurs bébés.

Quant à la pollution, elle passe inévitablement dans le lait maternel dans la mesure où celui-ci fait partie de la chaîne alimentaire. Ces dernières années, cette constatation a engendré de grandes inquiétudes dans les milieux écologistes de certains pays.

En fait, toutes les recherches récentes ont montré que, même pollué, le lait maternel reste de loin le meilleur choix pour les bébés. Aux Pays-Bas, par exemple, des études ont été effectuées sur deux cohortes d'enfants depuis 1990. Malgré une exposition aux PCB (polychlorobiphényles), PCDD (dioxines) et PCDF (polychloro-dibenzofuranes) plus importante des enfants allaités par rapport aux enfants non allaités, l'allaitement avait un effet bénéfique à 18 mois, 42 mois et 6 ans sur la qualité de mouvement et l'intelligence.

Vous pouvez minimiser votre exposition aux polluants en adoptant une alimentation variée réduite en matières grasses d'origine animale, car c'est dans ces graisses que se concentrent les polluants liposolubles[19].

Les soins naturels du corps

Quand on allaite, nul besoin de «récurer» ses seins avant et après la tétée.

Un tel nettoyage, longtemps préconisé, est absolument inutile : la douche quotidienne suffit largement à l'hygiène des seins. De plus, il prive le sein des sécrétions des glandes de Montgoméry (les petites excroissances visibles sur l'aréole), lubrifiantes et antiseptiques. En supprimant l'odeur naturelle du sein, voire en la remplaçant par une autre odeur (savon, lotion...), vous risquez en outre de dérouter votre bébé qui peut aller jusqu'à refuser votre sein pour cette raison.

Il n'est pas non plus utile d'appliquer des crèmes sur les mamelons en prévention des crevasses : si certains produits (notamment la lanoline purifiée) peuvent aider à leur cicatrisation quand elles sont là, ils n'ont pas pour autant d'effet préventif (et certains peuvent même être nuisibles).

En revanche, vous pouvez, à la fin de la tétée, étaler sur le mamelon et l'aréole un peu de colostrum ou de lait de fin de tétée : c'est un produit naturel, toujours disponible, non allergisant et efficace, car rempli d'anticorps (qui permettent d'éviter une surinfection) et de facteurs de croissance (qui régénèrent la peau), dont l'odeur est familière à votre bébé, qui a bon goût et le mérite d'être gratuit !

Un bon soutien-gorge

Le port d'un bon soutien-gorge d'allaitement, qui soutient sans comprimer, est recommandé. On en fait maintenant de très jolis (marques Sibellia, Made in femmes, Bravado...).

Même en coton bio : si vous tapez «soutien-gorge allaitement coton bio» dans Google, vous n'aurez que l'embarras du choix.

L'adaptation de l'allaitement à la vie sociale de la maman

Si vous souhaitez allaiter assez longtemps, il est clair que vous n'allez pas rester tout le temps assise sur un canapé, à regarder votre bébé les yeux dans les yeux !

On peut faire beaucoup de choses en donnant le sein, et on peut donner le sein en faisant beaucoup de choses ! On peut en outre aller partout avec un bébé allaité.

Un grand nombre de femmes n'imaginent pas allaiter en public, devant des étrangers, voire devant des proches. Parce qu'elles ne savent pas qu'avec un minimum d'entraînement et des habits adaptés, on peut allaiter en toute discrétion, sans découvrir ses seins.

Il suffit pour cela d'un haut séparé (T-shirt, sweat-shirt, pull...) qu'on relève légèrement. À noter aussi que, depuis quelques années, on trouve en France des vêtements spécialement adaptés à l'allaitement.

Des habits pour allaiter ?

Il y a quelques années, on ne trouvait pas en France de vêtements prévus pour l'allaitement. La seule solution était d'en bricoler soi-même (ce qui est toujours possible !) ou d'en faire venir des États-Unis.
Avec l'augmentation des taux et de la durée d'allaitement, les femmes allaitantes sont devenues un marché intéressant, et il est devenu beaucoup plus facile d'en trouver. Que ce soit dans certaines boutiques ou, surtout, sur Internet. Citons notamment : www.tebalou.com, www.mamanana.com, www.honeymoon.fr, etc.

Le rôle du père

Aujourd'hui, de plus en plus de pères souhaitent s'impliquer très tôt ; l'allaitement peut alors leur sembler constituer un obstacle. Certaines futures mères, anticipant cette revendication, envisagent dès la grossesse de faire un allaitement mixte ou de tirer leur lait pour que le père puisse donner des biberons. Pourtant, quand le bébé est là, la plupart des pères s'aperçoivent qu'ils peuvent eux aussi créer un lien fort avec leur enfant, d'une autre manière. À travers d'autres gestes, ils peuvent en effet établir un contact physique répété avec leur bébé : au cours des changes, des bains, des promenades, des jeux, des massages, du portage, du bercement, de l'endormissement puis, quand le moment sera venu, lors de la diversification alimentaire...

Le père a en fait un grand rôle à jouer dans l'allaitement : il vous protège contre tout ce qui tend à s'immiscer entre vous et votre bébé, vous soutient dans votre choix, même et surtout si vous rencontrez des difficultés... Toutes les études le montrent : plus le père est informé des avantages et de la pratique de l'allaitement, plus le bébé a de chances d'être allaité, et de l'être longtemps.

On peut allaiter et se soigner !

Contrairement à ce que l'on croit souvent, il existe très peu de médicaments vraiment incompatibles avec l'allaitement. Il est exceptionnel de ne pas pouvoir en trouver un qui soit sans risque pour l'enfant, dans toute la panoplie existante.

Il faut à chaque fois tenir compte de l'âge de l'enfant, de son poids, de son passé médical, de la quantité de lait maternel qu'il absorbe quotidiennement... Un médicament peu souhaitable pour la mère d'un nouveau-né, peut très bien ne pas poser de problèmes pour la mère d'un bambin qui tète une fois par jour avant de s'endormir.

En savoir plus

Renseignez-vous auprès de votre médecin et demandez-lui d'interroger les instances compétentes : centres de pharmacovigilance, centres antipoison, lactariums, et IMAGE, hôpital Robert-Debré, 01 40 03 21 49. Voir aussi la brochure éditée par La Leche League France, *Médicaments et Allaitement*.

Un grand nombre de nouveaux médicaments sont déclarés contre-indiqués en cas d'allaitement pour la simple raison que le fabricant n'a pas fait les tests nécessaires et préfère « se couvrir » en dégageant sa responsabilité.

Allaiter après la reprise du travail

De plus en plus de femmes savent qu'il est possible de continuer à allaiter après la reprise du travail, et le font.

Comment mettre toutes les chances de votre côté ? Vous pouvez continuer à allaiter complètement jusqu'à la reprise effective de votre travail, sans vous inquiéter si votre bébé refuse le biberon (ce qui arrive souvent), la tasse ou la cuillère : il l'acceptera de la main de la personne qui le gardera, car il en comprendra alors la nécessité et l'utilité. Vous vous éviterez ainsi bien des angoisses et des conflits pouvant tourner à l'épreuve de force. Vous minimiserez aussi le risque de confusion sein-tétine, et vous aurez davantage de garanties que la lactation, mieux installée car plus ancienne, ne se tarisse pas.

Après la reprise, vous pouvez continuer à allaiter à la demande dès que vous avez l'enfant avec vous (matin, soir, nuit, jours de congé, vacances). Avoir des rythmes différents entre la crèche ou la nourrice, et la maison ne « perturbe » pas l'enfant. Au contraire, cela l'aide à se structurer en lui permettant de faire la différence entre « quand je suis avec maman, je peux téter » et « quand maman n'est pas là, je ne peux pas téter ».

De plus, cela permet de garder un nombre de tétées non négligeable, et d'ainsi entretenir la lactation, même avec des horaires irréguliers.

Elles le vivent

Laurence : « Le soir, après de longues heures passées loin de la maison, je ne sais pas qui, de mon bébé ou de moi, est le plus impatient de retrouver l'autre. Dans notre fauteuil, une longue tétée de retrouvailles nous fait oublier tous les petits tracas de la journée. Allaiter et travailler, c'est possible. Cela demande de l'organisation et de la motivation, mais toutes ces petites contraintes s'effacent devant le sourire de mon enfant. »

Le saviez-vous ?

Le Code du travail prévoit que « pendant une année à compter du jour de la naissance, la salariée allaitant son enfant dispose à cet effet d'une heure par jour durant les heures de travail » (art. L 1225-30), que « la salariée peut allaiter son enfant dans l'établissement » (art. L 1225-31) et que « tout employeur employant plus de cent salariées peut être mis en demeure d'installer dans son établissement ou à proximité des locaux dédiés à l'allaitement » (art. L 1225-32).

De plus en plus de crèches accueillent favorablement les enfants allaités, que ce soit en acceptant que la mère vienne allaiter à la crèche ou en donnant à l'enfant le lait tiré par elle. C'est le cas par exemple des crèches départementales de Seine-Saint-Denis et des crèches de la Ville de Paris.

Il est tout à fait possible de concilier travail et allaitement sans jamais tirer son lait. Néanmoins, de plus en plus de mères préfèrent que leur enfant ne reçoive que du lait maternel pendant les six premiers mois, comme le préconise l'Organisation mondiale de la santé, voire continue à en recevoir, couplé à des solides, même après ces premiers mois.

Outre les avantages pour la santé de l'enfant à court et à long terme, tirer son lait a d'autres bénéfices : en stimulant les seins, cela aide à maintenir la lactation, prévient d'éventuels engorgements, canaux lactifères bouchés, et minimise les « fuites ».

Les femmes qui tirent leur lait allaitent généralement plus longtemps que les autres.

Choisir un tire-lait

Un bon tire-lait se doit d'être efficace et de ne pas provoquer de douleurs à l'usage.

Un tire-lait avec lequel on n'obtient pas ou peu de lait n'est pas un bon tire-lait (même s'il est normal de ne pas tirer grand-chose les toutes premières fois).

Un tire-lait qui fait mal, voire provoque des crevasses, n'est pas un bon tire-lait. Un tire-lait qui est inefficace et provoque des douleurs (ça existe !) est à rejeter absolument.

On trouve sur le marché un certain nombre de modèles, plus ou moins bons et plus ou moins adaptés à leur usage (à noter qu'on peut aussi tout à fait tirer son lait à la main, sans aucun accessoire).

Pour un usage régulier et intensif, le meilleur choix est sans doute un tire-lait électrique, moderne et permettant un double pompage (marques Medela et Ameda), qui se loue en pharmacie ou auprès d'un loueur de matériel de puériculture. Le prix de la location est remboursé par la Sécurité sociale, et l'achat des accessoires peut l'être par une mutuelle.

Sinon, il existe également de bons tire-lait à acheter : électriques (comme le Swing de Medela) ou manuels (comme le Isis de Avent ou le Harmony de Medela).

Qu'est-ce que le tire-allaitement ?

Ce néologisme récent recouvre une pratique consistant à donner son lait au bébé autrement qu'au sein (au biberon, à la tasse, à la pipette, à la cuillère...).

Les bénéfices de l'alimentation au lait maternel pour la santé de l'enfant à court et à long terme étant de mieux en mieux connus, un certain nombre de femmes choisissent de tirer leur lait pour en faire bénéficier leur bébé.

Certaines mères font ce choix parce qu'il est impossible de mettre le bébé au sein pour diverses raisons anatomiques ou physiologiques. Certains enfants pourront être mis au sein au bout de quelques semaines ou quelques mois (prématurés, bébés ayant des problèmes neurologiques transitoires...), d'autres ne le pourront jamais (en raison d'une malformation faciale importante, de troubles neurologiques sévères...).

D'autres femmes, face à des difficultés (problèmes de mamelons plats ou ombiliqués, mamelons douloureux, engorgement, bébé qui dort beaucoup et a du mal à prendre le sein, bébé qui fait une confusion sein/tétine, etc.) et par manque de soutien et d'informations nécessaires pour les surmonter, ont préféré arrêter de donner le sein tout en continuant à donner leur lait.

D'autres encore ont le sentiment que l'allaitement n'est pas pour elles, reculent devant la disponibilité à l'enfant qu'il suppose, ou se sentent incapables d'avoir un bébé au sein.

Information et soutien

N'hésitez pas, avant et après la naissance, à prendre contact avec une association de soutien à l'allaitement. La plus présente sur le territoire est La Leche League France, www.lllfrance.org, 01 39 584 584. Les coordonnées de toutes les associations de soutien se trouvent sur le site de la CoFAM : www.coordination-allaitement.org. Ces associations offrent information et soutien lors de réunions d'échanges entre mères, par téléphone, par e-mail et grâce à des forums de discussion sur Internet.

Quel lait donner si vous n'allaitez pas ?

Si, pour une raison ou pour une autre, le bébé n'est pas ou plus allaité, se pose la question du lait à lui donner (surtout pendant les six premiers mois, où il est censé ne prendre que du lait).

Le premier choix serait évidemment votre lait tiré (voir le tire-allaitement) ou le lait d'une autre femme, par l'intermédiaire des lactariums. Mais ceux-ci n'ayant même pas assez de lait pour les bébés prématurés, il est illusoire d'imaginer qu'ils puissent en fournir aux parents souhaitant que leur bébé bénéficie de lait humain.

Les préparations pour nourrissons

La plupart des bébés non allaités sont nourris avec des préparations pour nourrissons à base de lait de vache auquel on a retiré certaines choses et ajouté d'autres ; ce dans l'espoir de se rapprocher de la composition du lait humain. Par exemple, on a depuis quelques années abaissé le taux de protides, car un taux trop élevé pourrait être une des causes de l'obésité infantile.

Mais malgré les prétentions des fabricants, il est impossible de reconstituer industriellement un produit semblable au lait humain, en particulier lorsqu'il s'agit des facteurs de protection.

À voir tous les laits proposés sur les linéaires des grands magasins et toutes leurs déclinaisons (laits « antirégurgitations », laits « anticoliques », laits hypoallergéniques, etc., etc.), on peut avoir le tournis, et avoir du mal à choisir. Mais rappelez-vous : « Les laits infantiles sont tous pratiquement identiques. »

Que penser des laits pour bébés bio ? Élaborés à partir de lait de vaches élevées selon les standards de l'agriculture biologique (nourries aux fourrages biologiques et soignées sans antibiotiques), vous pourrez les préférer pour cette raison.

Quand le plus est l'ennemi du mieux

Depuis que des recherches ont montré le rôle des acides gras du lait maternel (DHA et ARA) dans le développement cérébral, de nombreux fabricants de laits infantiles en ont ajouté dans leurs produits.

Mais plusieurs études ont montré que ces ajouts ne semblaient pas avoir d'effets notables sur le développement des enfants.

Plus grave, un récent rapport du Cornucopia Institute, un groupe de vigilance américain, révèle qu'en plus d'être inutiles, ces ajouts seraient potentiellement dangereux.

Quatre-vingt-dix-huit rapports remplis par des parents et des professionnels de santé parlent de vomissements, de diarrhées (qui s'arrêtent quand on donne aux bébés des laits sans acides gras ajoutés), voire de bébés traités en soins intensifs pour des déshydratations aiguës et des convulsions.

Si « enrichissement » il y a, il semble concerner surtout les caisses des industriels ! Market Biosciences Corporation, la société qui fournit pratiquement tous les fabricants de laits en DHA/ARA, le dit d'ailleurs clairement : « Les laits infantiles sont tous pratiquement identiques, aussi les publicitaires doivent-ils rivaliser pour faire sortir leur produit du lot. Même si les DHA/ARA n'apportent aucun bénéfice, nous pensons qu'ils devraient être largement incorporés aux laits infantiles en tant qu'outil de marketing permettant aux compagnies de promouvoir leur produit comme le plus proche du lait maternel. »

Ajoutons que Market Biosciences Corporation extrait ses DHA et ARA d'algues et de champignons fermentés, et utilise de l'hexane (une neurotoxine) dans le processus de fabrication...

Pour lire le rapport complet (en anglais) :
http://cornucopia.org/index.php/replacing-mother-infant-formula-report/

Les autres laits animaux

En cas d'allergie ou d'intolérance au lait de vache, il est parfois suggéré d'utiliser d'autres laits animaux. Le lait de jument est en vogue, notamment dans l'Est de la France. Mais il faut savoir qu'en plus d'être très coûteux, il est lui aussi un allergène potentiel...

En fait, les protéines de lait de vache, de chèvre, de jument ou d'ânesse présentent un pouvoir allergisant croisé dans 70 % des cas[20]. Ce n'est donc pas une très bonne idée de les utiliser pour éviter l'allergie aux protéines de lait de vache.

Les « laits » végétaux

Peut-on échapper aux laits animaux en donnant au bébé des « laits » végétaux (amande, noisette, châtaigne, riz, avoine...) ?

Il faut savoir que ces « laits » (qui ne sont pas des laits mais des jus, et n'ont d'ailleurs pas le droit de s'intituler ainsi) n'ont absolument rien à voir avec les laits animaux. Ils sont beaucoup plus pauvres en protéines (des protéines en outre très différentes des protéines animales) et beaucoup plus riches en glucides. L'alimentation d'un nourrisson uniquement par des « laits » végétaux induit habituellement un kwashiorkor (marasme par carence protéique) accompagné de troubles liés à la surcharge glucidique.

D'autre part, les fruits à coque étant des allergènes potentiels, mieux vaut ne pas les utiliser avant 6 mois. Quant aux « laits » de céréales à gluten (blé, avoine, orge, seigle...), mieux vaut les éviter également avant 5 ou 6 mois, car ils peuvent favoriser une intolérance au gluten.

Pris ponctuellement en petite quantité et, si possible, pas durant les premiers mois, ces « laits » sont sans doute utilisables. Mais en aucun cas ils ne peuvent constituer la seule alimentation d'un nourrisson. On peut minimiser – mais non supprimer – le problème, en les mélangeant ou en utilisant un produit constitué de plusieurs laits différents (et éventuellement enrichi), car cela permet aux protéines d'être mieux absorbées.

Les « laits » de soja spécialement conçus pour l'alimentation des nourrissons (pas les laits de soja « courants ») ont longtemps été utilisés (notamment aux États-Unis) pour l'alimentation des enfants allergiques aux protéines du lait de vache, ou ceux qui devaient recevoir un lait sans lactose. On se pose aujourd'hui beaucoup de questions sur les phytoestrogènes qu'ils contiennent à des taux très élevés. De plus, entre 30 et 50 % des enfants allergiques au lait de vache sont aussi allergiques aux protéines de soja...

Dans quels biberons ?

Si le contenu est important, le contenant l'est tout autant.

On sait depuis peu que les biberons en plastique (polycarbonate) libèrent dans le lait, lors de leur utilisation, du Bisphénol A (BPA), un perturbateur endocrinien soupçonné d'être à l'origine de cancers (sein et prostate). Mieux vaut donc sans doute utiliser des biberons en polypropylène, ou mieux en verre, un matériau totalement neutre. Pratiquement toutes les marques font des biberons en verre et des biberons garantis sans BPA, même si pour l'instant vous les trouverez moins facilement dans le commerce que les autres. Il suffit de taper les mots en question sur Internet pour les connaître. Espérons que la France suive bientôt l'exemple du Canada, qui a annoncé en avril 2008 son intention d'interdire les biberons contenant du BPA.

Attention également aux tétines. Il y a quelques années, un test fait par *Que choisir* avait révélé la présence de nitrosamines, des substances cancérigènes, dans 11 modèles de tétines de biberons sur 23 testés. Même si depuis, une directive européenne est venue limiter les dégâts, on peut préférer, par exemple, des tétines en latex naturel sans adjuvants toxiques.

Le saviez-vous ?

Selon l'AFSSA (Agence française de sécurité sanitaire des aliments), « il n'est pas indispensable de stériliser le biberon et les annexes » au domicile. Un lavage soigneux est suffisant.

www.afssa.fr/Documents/MIC-Ra-BIB.pdf

La diversification alimentaire

Quand ?

Il fut un temps où l'on recommandait d'introduire les céréales, la viande, les légumes... dès 2 mois.

On est heureusement revenu de ces folies. Actuellement, tout le monde est d'accord pour attendre 6 mois avant de proposer à l'enfant autre chose que du lait.

Dans la brochure du ministère de la Santé parue en 2005, *La Santé vient en mangeant et en bougeant – Le guide nutrition des enfants et ados pour tous les parents*, on peut lire : « Jusqu'à 6 mois, l'allaitement exclusif au lait maternel, ou au lait infantile, couvre tous les besoins alimentaires de votre bébé. Autrefois, la diversification alimentaire des bébés se faisait plus tôt, vers 4 mois, voire avant. Mais aujourd'hui, il est fortement recommandé de ne pas la commencer avant 6 mois. »

Comment ?

Cela peut se faire très simplement.

Lorsque vers 6 mois (ou un petit peu plus tard), le bébé est présent au moment du repas familial, par exemple sur les genoux de son père ou de sa mère, il s'intéresse de plus en plus à la nourriture, suit des yeux le trajet de la fourchette de l'assiette à la bouche du parent, réclame sa part par des cris, et peut même mettre la main dans le plat pour se servir ! Il n'y a alors plus à tergiverser : il est sans aucun doute prêt pour les solides !

Pour autant, si l'on ne fait pas le forcing, les solides peuvent rester longtemps des « à-côtés » du lait, qui complètent l'allaitement sans le remplacer. C'est d'ailleurs ce qu'il est conseillé de faire si l'on souhaite que l'allaitement se poursuive : ne pas remplacer une tétée par un repas, garder un allaitement à la demande (le nombre de tétées, loin de diminuer au fil des mois, peut rester constant tout au long de la première année), proposer d'abord le sein et ensuite les solides.

C'est ce que recommande l'OMS quand elle parle d'introduire des « aliments *complémentaires* sûrs et appropriés, avec poursuite de l'allaitement jusqu'à l'âge de 2 ans ou au-delà ».

Les purées

Le Dr Chancholle, anatomiste, a de nombreux arguments contre les purées : « Il faut introduire progressivement des aliments en morceaux, car les mouvements masticatoires ne peuvent être déclenchés que par le contact de solides avec la muqueuse buccale ; solides dont le volume, la consistance et les saveurs doivent être aussi variés que possible. En dépend, outre la croissance faciale et la coordination motrice, la qualité du rangement dentaire sur chaque arcade, qui nécessite des pressions aléatoires sur les crêtes gingivales. En dépend aussi la qualité des informations sensorielles qui construisent à cet âge une part importante des connections neurales encéphaliques : le goût et l'odorat, toujours liés, sont les sens majeurs du nourrisson, et seuls des aliments en morceaux, broyés en bouche, peuvent générer des saveurs et des flaveurs suffisantes pour la stimulation cérébrale. »

Dans ce cas, pendant plusieurs mois, la part la plus importante de l'alimentation peut toujours être fournie par le lait, l'enfant se contentant d'explorer les aliments à son rythme, goûtant un fruit tel jour, mâchouillant un boudoir le lendemain.

Quand on procède ainsi, il importe peu de commencer par tel ou tel aliment, et les tableaux alimentaires qu'on trouve dans tous les manuels de puériculture n'ont pas grande utilité.

On veillera simplement à ne pas introduire plus d'un aliment nouveau à la fois et à éviter avant 1 an les possibles allergènes (même si des études très récentes[21] remettent en cause cette recommandation : trop retarder l'introduction de tout un tas d'aliments pourrait augmenter… le risque d'allergie).

Il n'est pas nécessaire non plus de préparer des plats spéciaux pour le bébé (ni d'acheter des petits pots, même s'ils peuvent être utiles en dépannage) : vous trouverez généralement dans la nourriture familiale des choses qui lui conviennent.

S'il est évident que votre enfant ne doit pas risquer de s'étouffer en ingurgitant de trop gros morceaux, il n'est pas besoin non plus de tout réduire en bouillie, bien au contraire. Lorsqu'un bébé est prêt pour les solides, il aime manger des morceaux (même si, au début, vous les retrouverez intacts dans la couche !) et même ronger des choses dures, telles qu'un quignon de pain.

Il faut savoir qu'un bébé allaité digère mieux et plus tôt les aliments solides qu'un enfant nourri au lait industriel : le lait maternel contient des enzymes qui l'aident à digérer les graisses, les protéines et les féculents.

Un jour, les solides prendront le pas sur le lait, sans que vous ayez jamais eu besoin de vous battre avec un bébé rétif à se laisser « gaver », sans batailles autour de la nourriture, sans longues préparations spéciales pour bébé et sans achats massifs de petits pots.

Donner des aliments bio aux petits

La consommation de produits biologiques dès le plus jeune âge permet de réduire l'exposition à toutes sortes de molécules dont on ignore les effets à long terme sur la santé, mais que l'on soupçonne de plus en plus d'être à l'origine de différentes maladies et en particulier de cancers.

En savoir plus

L. Le Goff, *Manger bio, c'est pas du luxe*, éditions Terre Vivante, 2007.

Les résultats d'une étude[22] menée courant 2003-2004 par des chercheurs du National Institute of Environmental Health Sciences, un organisme gouvernemental des États-Unis, révèlent que des résidus de pesticides et d'herbicides se retrouvent dans l'urine des enfants consommant des aliments issus de l'agriculture industrielle. Alors qu'on n'en décèle pas chez ceux qui mangent des aliments biologiques. Durant la période où l'enfant est nourri avec des aliments biologiques, les taux de Malathion et de Chlorpyrifos, deux pesticides agricoles organophosphorés, ne sont plus détectables dans l'urine. En revanche, ils remontent immédiatement à un degré plus élevé dès la reprise du régime classique.

Dès 1993, le National Research Council américain publiait un rapport indiquant que « les résidus de pesticides présents dans les aliments issus de l'agriculture industrielle pouvaient constituer une source majeure d'exposition à des substances toxiques pour les nourrissons et les jeunes enfants ».

Les résultats de l'étude de 2003 confirment ces craintes, tout en indiquant que la consommation de produits issus de l'agriculture biologique constitue une défense efficace.

Des pesticides dangereux pour la santé des bébés

On sait aujourd'hui que les pesticides organophosphorés peuvent entraîner des troubles neurologiques chez les animaux et chez les humains. Selon le professeur Dominique Belpomme, auteur du livre *Guérir du cancer ou s'en protéger*[23], le risque est accru chez les jeunes enfants. En France, une étude réalisée par la Direction générale de la concurrence, de la consommation et de la répression des fraudes, publiée fin avril 2008, montre que 6 % des fruits et des légumes sur le marché dépassent largement les seuils autorisés. Comme le confirme le professeur Dominique Belpomme : « Les limites réglementaires en matière de pesticides ne protègent pas les gens contre les maladies. Ce n'est pas la dose qui fait le poison, mais la répétition d'une dose, même infiniment petite, tout au long de la vie. »

Le « bio » garantit une nourriture plus saine

Avant 3 ans, le système immunitaire de l'enfant est encore fragile et mérite une attention particulière. Il souffre encore plus qu'à l'âge adulte de la présence de résidus toxiques dans l'environnement et l'alimentation. Même s'ils peuvent être pollués par une contamination de proximité, les aliments bio contiennent moins de pesticides, de nitrates, de médicaments et de substances chimiques diverses et variées.

Les aliments biologiques sont en général plus onéreux, mais il est encourageant de savoir qu'à poids égal, un aliment biologique frais contient moins d'eau et donc plus d'éléments nutritifs ; d'où une moindre quantité dans l'assiette... Les fruits et légumes bio de saison sont par ailleurs très souvent proposés à un prix abordable.

Enfin, se nourrir bio favorise les circuits courts de distribution et les achats directs auprès de producteurs à la ferme et de coopératives. Cette proximité et la réduction des intermédiaires offrent des prix de plus en plus intéressants.

Quelques exemples de circuits

Les Amap, Associations pour le maintien d'une agriculture paysanne, livrent des paniers de légumes issus de l'agriculture biologique dans toute la France. Les légumes sont frais, de saison, souvent cueillis la veille ou le matin même. Ils ont été très peu manipulés et conditionnés, et ont peu voyagé. Vous ne savez pas à l'avance ce qu'il y a dans votre panier de la semaine. Souvent, les légumes sont accompagnés de quelques recettes pour les accommoder. De la même façon, la quantité varie d'une semaine sur l'autre en fonction de la production, des aléas climatiques, de l'expérience du maraîcher, etc. Vous vous engagez pour un semestre ou une année, et versez à l'avance le montant des paniers pour une certaine période (de trois à six mois). Le prix du panier est équitable et doit garantir un revenu décent pour le producteur tout en restant abordable pour vous.

Le réseau Cocagne a des objectifs sociaux : des personnes en difficulté sociale produisent les légumes, formées par des maraîchers professionnels.

Il existe beaucoup d'autres paniers de légumes bio en France tels que www.lespaniersduvaldeloire.fr. Si vous êtes parisienne, vous pouvez vous abonner au www.campanier.com qui propose de nombreux points de distribution à Paris et en région parisienne. En Touraine, www.biolinet.fr s'engage à revendre des produits locaux.

Ce mode de distribution est en plein développement. L'annuaire des producteurs biologiques fournit de nombreuses adresses : www.agri-bio.fr.

Vous avez aussi le réseau Biocoop qui rassemble plus de 300 magasins bio autour d'un objectif commun : le développement de l'agriculture biologique dans un esprit d'équité et de coopération. Toutes les adresses sont sur www.biocoop.fr.

Elles le vivent

« Une alimentation saine pour nos enfants, cela a été notre objectif lors de la création de notre site www.graine-de-bonne-sante.com. Nous voulions proposer des conseils avisés et une vaste gamme de produits biologiques et sans allergènes. Nous sommes deux mamans à l'origine de ce projet, et avec l'aide d'une diététicienne, nous conseillons et nous sélectionnons les meilleurs produits adaptés aux différentes étapes. »

Le saviez-vous ?

Lorsque vous préparez des plats pour votre bébé, il est toujours possible de le faire en plus grande quantité. Mettez le surplus dans de petites barquettes que vous pouvez congeler et qui serviront lors d'un autre repas. Attention, il faudra penser à le mettre la veille de la consommation en bas du frigo afin de ne pas le réchauffer au four à micro-ondes.

On a toujours intérêt à nourrir son bébé avec des produits frais. Pourtant, en déplacement et lors de la reprise du travail, le recours aux petits pots est tout à fait possible, d'autant qu'il existe désormais des gammes « bio » tout à fait acceptables. Les petits pots industriels ne sont pas conseillés : leur fadeur et leur consistance homogène favorisent une mauvaise éducation au goût et ne permettent pas d'apprendre à bien mâcher. Ce n'est pas le cas des petits pots bio qui proposent différentes textures et garantissent moins de sucre, même si c'est encore deux fois plus que les préparations maison.

Quelques marques de petits pots bio

La marque allemande spécialisée dans l'agro-alimentaire bio Hipp est leader européen de l'alimentation infantile biologique. Elle propose des petits pots, des menus complets, des assiettes préparées, des jus de fruits et des biscuits avec des matières premières issues de l'agriculture biologique. Elle veille également à la qualité nutritionnelle de ses produits, sans oublier le goût et la texture. L'association Greenpeace a déclaré leurs petits pots « les plus sûrs du marché et complètement exempts de pesticides ». Ils sont garantis sans OGM. Les agriculteurs, liés par contrat à l'entreprise, doivent respecter un cahier des charges.

La marque française d'agro-alimentaire Babybio est spécialisée dans l'alimentation infantile biologique. Elle propose elle aussi des petits pots, des jus de fruits, des biscuits, des céréales. Son catalogue comporte une quarantaine de produits qui sont distribués dans les magasins spécialisés et dans les grandes surfaces.

chapitre 3

J'endors mon bébé

À voir le nombre de nos compatriotes qui se plaignent, adultes, de problèmes de sommeil, de ne pas arriver à s'endormir, de se réveiller en pleine nuit, d'avoir un sommeil de mauvaise qualité, de devoir prendre des somnifères, on peut se demander si la source de tous ces problèmes ne se trouve pas dans leur petite enfance. À un moment où les attentes irréalistes de leurs parents, attentes conditionnées par la société, ont engendré des pratiques bien peu respectueuses de leurs besoins de nourrisson.

Comment dort un bébé ?

Les attentes irréalistes, c'est par exemple croire que votre bébé peut et doit «faire ses nuits» dès 2 ou 3 mois, alors que de nombreuses études montrent que les réveils nocturnes sont fréquents tout au long de la première année.

Étude

Une étude finlandaise portant sur 270 bébés âgés de 1 à 12 mois a, par exemple, donné les résultats suivants :

- jusqu'à 3 mois, 90 % se réveillaient au moins une ou deux fois par nuit ;
- de 3 à 5 mois, près des trois quarts se réveillaient une ou deux fois ;
- de 6 à 8 mois, c'était les deux tiers ;
- 47 % entre 9 et 12 mois[24].

Les attentes irréalistes, c'est croire que si votre bébé « fait ses nuits » à 3 mois, c'est gagné, alors que pas mal de bébés recommencent à se réveiller à 6 ou 9 mois ; c'est croire qu'à partir de 3 ou 4 mois, votre bébé n'a plus besoin de téter la nuit.

Le saviez-vous ?

Les mères qui allaitent ont plus de facilité à se rendormir après un réveil nocturne. Et ce grâce à l'ocytocine, une des hormones de la lactation. Le mécanisme ? On pense que les récepteurs cérébraux à la dopamine interviennent dans la phase d'endormissement, favorisent le sommeil, et que la dopamine peut être impliquée dans la libération de l'ocytocine.

En fait, les réveils nocturnes au cours de la première année sont non seulement normaux mais également utiles. On pense par exemple qu'ils seraient préventifs de la mort subite du nourrisson[25].

Mais comment vous, parents, vous pouvez survivre à toutes ces nuits hachées ? Tout simplement en faisant ce que font la majorité des parents dans le monde : en gardant votre bébé près de vous pendant la nuit.

Ce sommeil partagé répond à la fois au besoin de proximité de votre bébé, et à votre besoin de repos.

Elles le vivent

Laure : « Quentin, 4 mois, dort dans le lit familial. Lorsque je le sens chercher le sein, je soulève mon T-shirt. Il n'a pas le temps de pleurer, et moi je me rendors avant même qu'il ait fini. Le matin, en me réveillant, je me dis que j'ai passé une bonne nuit, et ce n'est pas qu'une impression ! »

Où peut-il dormir ?

Contrairement à la plupart des pays du monde, on pensait chez nous qu'un bébé, dès la naissance, devait s'endormir seul et dormir seul.

Heureusement, un nombre croissant de parents se disent aujourd'hui que ce qui est bon pour la majorité des bébés du monde, l'est aussi pour le leur, que les premiers temps, les bébés ont besoin de proximité, de nuit comme de jour, et que cela ne présage pas automatiquement de graves problèmes pour l'avenir.

Votre bébé peut donc dormir :

- dans vos bras ou sur votre corps ;
- dans les bras ou sur le corps de son papa, de sa grand-mère, etc. ;
- dans un porte-bébé, bercé par les mouvements du porteur : beaucoup de bébés dorment beaucoup mieux et plus longtemps ainsi que dans leur lit ;
- dans un couffin, berceau, petit lit... placé dans votre chambre ;
- dans une « extension » du lit familial : lit cododo accroché à votre lit ;
- dans le lit familial.

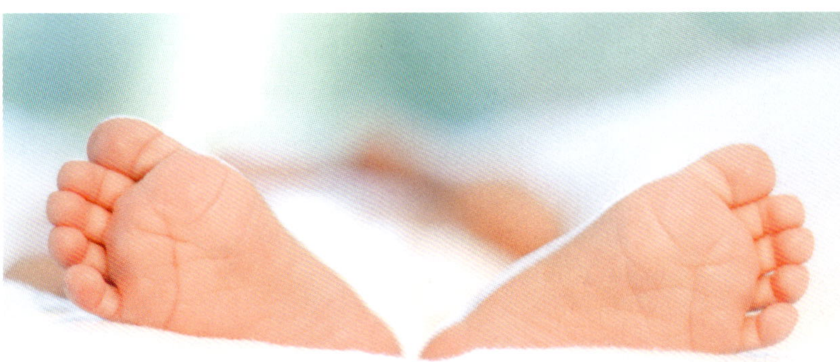

Comment s'endort-il ?

Votre bébé peut s'endormir :

- en tétant : la plupart des bébés allaités s'endorment au sein ;
- bercé dans les bras, dans un porte-bébé, dans un berceau, dans un hamac... ;
- posé sur votre poitrine ou celle du papa (vous vous endormirez peut-être aussi !) ;
- à l'aide de berceuses, de bruits de bouche ;
- à l'aide de tapotements rythmés (pratiques fréquentes en Afrique).

Exiger que pratiquement dès la naissance, votre bébé s'endorme tout seul, avec comme seul réconfort un doudou inanimé ou un mobile musical, en lieu et place d'un adulte aimant, c'est ne pas tenir compte des besoins réels d'un tout-petit : besoin de contact, de proximité, de chaleur et d'amour.

Précautions en cas de partage du lit

Le spectre de l'étouffement est souvent agité quand on parle de partager son lit avec un bébé. En fait, si un certain nombre de précautions et de conditions sont réunies, il n'y a pas de raison qu'il y ait un risque. Ces précautions et conditions sont notamment détaillées dans une brochure de l'Unicef au Royaume-Uni, traduite en français, qu'on trouve sur Internet. En voici les principaux points :

– ne pas partager le lit avec le bébé si l'on fume, si l'on a consommé de l'alcool, de la drogue ou un médicament pouvant rendre somnolent, si l'on est anormalement fatigué(e) ;
– pas de couchage mou ni d'installation où le bébé pourrait rester coincé ;
– une température de la pièce ne dépassant pas 18 °C ;
– pas de couette risquant de recouvrir l'enfant ;
– le bébé ne doit pas être habillé trop chaudement.

En savoir plus

La brochure de l'Unicef :
www.babyfriendly.org.uk/pdfs/french/sharingbedleaflet_french. pdf

Des berceaux qui bercent

Il y a par exemple le berceau suspendu Leander qu'on accroche au plafond ou à un trépied. Les berceaux à bascule en bois (De Breuyn...). Ou le berceau en carton renforcé (carrément écolo et économique !) qu'on trouve sur de nombreux sites Internet. Sans oublier tous les systèmes de hamac (Koala, Baby-YoYo, PandaAmazonas, Yayita, Zébulhamac, etc.) ou le berceau Amazonas, compromis entre le berceau et le hamac.

Des lits pour cododo

On trouve maintenant en France, notamment sur Internet, plusieurs modèles de berceaux qui s'accrochent au lit des parents : berceau Co-Sleeper, lit Babybay, lit Fabimax... À noter que l'on peut aussi enlever un côté d'un lit à barreaux et l'accrocher à son lit, ou faire fabriquer (ou fabriquer soi-même si l'on est bricoleur) un lit pour cododo.

Jusqu'à quel âge va-t-il se réveiller ?

À mesure que les mois passent et que le bébé continue à se réveiller chaque nuit, certains parents en arrivent à un état d'épuisement qui nécessite d'agir.

Il faut dire que nous ne sommes pas tous égaux devant le sommeil. Quoi de commun par exemple entre une mère qui a un très bon sommeil, a besoin de peu d'heures de sommeil, se rendort facilement après une interruption et peut éventuellement faire la sieste pendant la journée, et une autre qui a besoin de huit heures de sommeil, n'arrive pas à se rendormir si elle est réveillée dans la nuit, et doit partir le matin travailler ?

Il y a aussi certains bébés qui objectivement se réveillent beaucoup plus que la moyenne, pour des raisons très variées : naissance traumatisante, angoisse des parents, problèmes respiratoires, reflux, allergie...

Le saviez-vous ?

Certains réveils nocturnes peuvent être causés par une intolérance ou une allergie aux produits laitiers. Une étude, faite à l'hôpital universitaire des enfants de Bruxelles sur des enfants âgés de 2 à 29 mois qui se réveillaient plusieurs fois par nuit, a montré qu'après quelques semaines d'élimination des produits laitiers, tous les enfants sauf un ne se réveillaient plus qu'une seule fois et dormaient le double de temps. Après une réintroduction des produits laitiers faite en cachette, les problèmes de sommeil ont réapparu.

Quelle solution envisager si vous avez « atteint votre limite » (très variable d'un parent à un autre) ?

On écartera la solution médicamenteuse, hélas plus employée qu'on ne le croit (16 % des bébés de moins de 1 an prendraient régulièrement un produit somnifère).

De même, laisser le bébé pleurer tout seul dans sa chambre n'aboutit en général qu'à le faire se résigner au fait que ses appels ne sont pas entendus et ses besoins pas satisfaits. Dur début dans la vie…

On croit parfois qu'arrêter l'allaitement et/ou «bien caler» l'enfant le soir en lui donnant un biberon pourraient permettre qu'il dorme mieux. Rien n'est moins sûr.

Étude

Une récente étude, faite sur des bébés de moins de 3 mois a montré que les parents de ceux qui étaient exclusivement allaités bénéficiaient d'en moyenne 40 à 45 minutes supplémentaires de sommeil, par rapport aux parents de ceux qui recevaient des compléments de lait industriel le soir et la nuit. Ces derniers rapportaient également davantage de problèmes de sommeil[26]…

En fait, ce qui «marche» généralement, c'est que le père (à condition qu'il soit présent et coopérant) sèvre le bébé de la mère la nuit. Qu'il se lève, prenne l'enfant, lui explique que c'est la nuit, que tout le monde dort, le berce, le recouche.

Elles le vivent

Marina: «Au bout de neuf mois, je voulais à nouveau dormir des nuits complètes, mais je ne voulais pas laisser ma fille pleurer. Mon mari s'est mobilisé. C'est lui qui se levait quand elle se réveillait. Il lui parlait, lui faisait un câlin, la touchait, lui chantait une petite chanson, et elle se rendormait. Parfois, il suffisait qu'il entre dans sa chambre pour qu'elle se rendorme. Elle a complètement arrêté de se réveiller la nuit quand nous l'avons installée dans la chambre de ses sœurs.»

Quand tout le monde est d'accord, qu'il n'y a plus d'ambiguïté, le problème se règle généralement en quelques nuits.

Dans certains cas, la solution sera un «cododo» à temps partiel : le bébé commençant sa nuit dans sa chambre et rejoignant celle des parents à un moment dans la nuit.

À chaque famille de trouver la solution qui respecte au mieux les besoins de chacun, et de savoir rester assez souple pour en changer si le besoin s'en fait sentir.

À lire :

C. Didierjean-Jouveau, *Partager le sommeil de son enfant*, éditions Jouvence, 2005.

E. Pantley, *Un Sommeil paisible et sans pleurs*, Ada éditions, 2005.

N. Roques, *Dormir avec son bébé*, éditions L'Harmattan, 2002.

chapitre 4

Je porte mon bébé

Quand le petit d'homme naît, il vient de passer neuf mois dans un endroit où il était porté, bercé, entouré en continu.

Pas étonnant qu'une fois dehors, il cherche à retrouver cet environnement, et que pour lui, le meilleur endroit où se trouver soit les bras de sa mère, de son père ou d'un autre proche aimant.

Comme on dit, souvent malheureusement de façon critique, « il veut toujours être à bras ».

Mais les bras se fatiguent à force, et ce d'autant plus que l'enfant grandit. Et s'ils sont occupés à porter l'enfant, ils ne peuvent pas faire grand-chose d'autre. C'est là qu'intervient le porte-bébé.

Pourquoi porter ?

Si l'on comprend la nécessité qu'a le bébé d'être en contact étroit avec l'adulte et, en premier lieu sa mère, on voit tout de suite comment le portage répond facilement à ce besoin.

Des bébés heureux

Les études mais aussi l'expérience des parents montrent que les bébés portés pleurent moins. Ainsi, dans une étude récente ayant suivi 700 bébés pendant leur première année[27], les pratiques les plus efficaces d'après les parents, en cas de pleurs les quatre premiers mois, étaient de porter l'enfant (88 %), de lui donner le sein (82 %) et de marcher en le tenant dans les bras (87 %).

Elles le vivent

Marie-France : « Pour mon bébé, l'écharpe est comme un nid, l'endroit où il sait qu'il peut se nourrir, dormir, se sentir en sécurité. À 4 mois, il ne pleure presque jamais. Je ressens ses besoins, et j'y réponds sans avoir à y réfléchir. Je le porte pour aller à la crèche et en revenir. De retour à la maison, je vaque à mes occupations avec lui dans l'écharpe, je suis libre de mes mouvements. »

Et non seulement le portage calme les pleurs, mais il les prévient. En effet, dans la mesure où il permet aux parents d'être sensibles aux besoins de l'enfant et d'y répondre sans délai, ce dernier n'a pas besoin d'aller jusqu'aux pleurs. S'il chouine ou semble en détresse, ses parents peuvent lui répondre et le rassurer. S'il a faim, sa mère peut lui offrir le sein sans tarder, y compris dans le porte-bébé !

Les bébés portés pleurent moins, ont moins de coliques, régulent mieux leur température, digèrent mieux et dorment mieux (combien de bébés s'endorment instantanément dès qu'on les met dans le porte-bébé ?...).

Les bébés portés découvrent le monde « à hauteur d'homme » (et non à hauteur des pots d'échappement...). Ils participent en observateurs à la vie de leurs parents, à leurs activités.

Et contrairement aux craintes parfois exprimées que « trop » portés, ils risquent de ne pas vouloir apprendre à marcher, ils bénéficient généralement d'un développement psychomoteur optimal.

Étude

Une étude menée en 1986 par Urs Hunziker et Ronald Barr, de l'université McGill au Canada[28], a montré que lorsque les mères portent davantage l'enfant, il pleure moins souvent. Quand, au moment du fameux « pic de pleurs » des 6 semaines, on a comparé les bébés des mères auxquelles on avait demandé de les porter davantage aux bébés du groupe contrôle, on a constaté 43 % de pleurs en moins sur vingt-quatre heures, et jusqu'à 51 % de pleurs en moins en soirée (de 16 h à minuit). La diminution des pleurs s'observait également, quoique de façon moins importante, à 4, 8 et 12 semaines.

L'augmentation du temps de portage (que ce soit dans les bras ou dans un porte-bébé) n'était pourtant pas énorme : 4,4 heures en moyenne par jour contre 2,7 heures pour le groupe contrôle. Une heure et demie de portage supplémentaire avait donc suffi à diminuer de plus de moitié les pleurs de fin de journée, dont se plaignent tant de nouveaux parents... Ce temps de pleurs en moins était occupé par des tétées plus fréquentes, plus d'éveil calme et plus de moments où le bébé semblait heureux et satisfait.

Des parents heureux

Du côté des parents, en plus du plaisir de voir son enfant heureux, le portage est un merveilleux moyen de nouer des liens, notamment pour les pères, qui n'ont pas pu porter l'enfant dans leur ventre.

> ### Elles le vivent
> Nadine : « Mon bébé adore être porté, ce qui n'est pas toujours évident quand je dois m'occuper des aînés. C'est là que le papa entre en action. Le bébé apprécie autant d'être porté par papa que par maman, et s'endort volontiers ainsi. Et le papa aime ça !

Et surtout, c'est très pratique. Le portage, c'est comme des bras supplémentaires (quelle mère n'a pas envié les déesses indiennes dotées de bras innombrables ?!). Il permet de répondre aux besoins du bébé tout en faisant autre chose : le ménage, la cuisine, les courses, s'occuper d'un autre enfant, faire une randonnée, etc.

Contrairement à ce qu'on croit souvent chez nous, le portage n'est pas réservé à l'extérieur de la maison.

> ### Le saviez-vous ?
> **Les anthropologues pensent que le porte-bébé est peut-être bien le premier outil qu'ont inventé les hommes (sans doute quand les poils auxquels pouvaient s'agripper les petits ont disparu du corps des mères, et que les petits ont perdu leur gros orteil opposable !). Pour l'archéologue britannique Timothy Taylor, cette invention remonterait à 1 800 000 ans !**

Comment porter ?

Des porte-bébés, on en trouve partout dans le monde : pagnes africains, porte-bébés « chinois » en Asie, « hamacs » en Amérique latine... Seul l'Occident semblait avoir perdu la tradition du portage, jusqu'à ce qu'apparaissent dans nos rues, il y a une trentaine d'années, les bébés « kangourous » portés sur le ventre de leur mère ou de leur père.

Mais les porte-bébés kangourous classiques, même s'ils ont fait des progrès depuis les années 70, sont loin d'être le meilleur choix. D'ailleurs, les parents les utilisent très peu au-delà des toutes premières semaines, justement parce qu'ils ont vite mal au dos.

Que ce soit pour le confort de l'enfant porté ou pour celui du porteur, les meilleurs porte-bébés sont ceux qui respectent la physiologie des deux (notamment l'arrondi du bébé les premiers temps), où le poids du bébé est bien réparti et ne « tire » pas sur le dos et les épaules du porteur, où le bébé n'est pas « suspendu », les jambes pendantes. C'est le cas des tissus qui permettent de bien plaquer l'enfant contre le corps du porteur, dans une position physiologique, et peuvent être utilisés très longtemps.

Choisir un porte-bébé

Porte-bébés hamacs (aussi appelés *sling*, du terme anglo-saxon), écharpes de portage, porte-bébés «chinois» (un rectangle de tissu avec de longues lanières aux quatre coins)... On trouve maintenant facilement ces modèles, dans certaines boutiques et surtout sur Internet[29].

Chaque modèle a ses avantages et sera préféré selon l'utilisation, l'âge de l'enfant, etc.

Beaucoup de mamans «porteuses» disposent de plusieurs modèles entre lesquels elles jonglent selon les circonstances. Par exemple, avec un petit qui commence à marcher mais veut quand même être porté par moments, il peut être plus intéressant d'utiliser un *sling* permettant un portage sur la hanche, l'enfant pouvant y aller et en sortir très facilement, plutôt qu'une écharpe de portage plus longue à nouer et dénouer.

Devant, derrière, sur le côté ?

Le portage sur le ventre, qui correspond bien à l'aspect «utérin» du portage, semble être une invention occidentale. Ailleurs dans le monde, les enfants sont portés sur le côté ou sur le dos du porteur.

Faut-il «apprendre» à porter ? Les avis divergent sur la question. Il est sûr que dans une société où le portage des bébés est traditionnel, le savoir-faire se transmet sans difficultés entre générations, ce qui n'est pas le cas chez nous.

Pour certaines donc, assister à un atelier où elles pourront essayer différents modèles de porte-bébés, apprendre différentes façons de nouer une écharpe,

En savoir plus

Impossible de donner la liste de tous les sites Internet sur le portage, tellement ils sont nombreux. En voici néanmoins quelques-uns :

www.larbreabebes.free.fr
www.peau-a-peau.be
www.portersonenfant.fr
www.maternage.free.fr
www.lelienlacte.com/wiki/portage
www.portersonbebe.com
www.echarpes.ouvaton.org
www.thewigleys.net/How_to_Babywear.html
www.afpb.fr

expérimenter le portage sur le dos, etc., sera très utile. Ces ateliers se multiplient actuellement, certains payants, d'autres gratuits.

Pour d'autres, il suffira de voir faire une mère « porteuse » dans une réunion de parents, de regarder des photos ou des vidéos sur les sites de portage, qui se multiplient également.

À lire

C. Didierjean-Jouveau, *Porter bébé*, éditions Jouvence, 2005.

I. van den Peereboom, *Peau à peau*, éditions Jouvence, 2006.

Petite mise au point sur le matériel de puériculture

Si l'on en croit les magazines (voir leurs articles récurrents sur « Un bébé, combien ça coûte ? »), l'arrivée d'un bébé suppose l'achat de tout un tas de matériel qui va transformer votre appartement en une annexe de magasin de puériculture.

Le catalogue d'une grande marque de ce genre de matériel ne titrait-il pas récemment : « Réussir son bébé ? » Sous-entendu : si vous n'achetez pas tout ce qu'il y a dans le catalogue, vous risquez de « rater » votre bébé !

Eh bien non, vous pouvez très bien ne pas acheter tout cela. Être des parents « bio », ce n'est pas se contenter de remplacer un produit par son équivalent « bio » (s'il existe), c'est aussi s'interroger sur l'utilité et la nécessité ou non dudit produit.

À ce titre, un bon porte-bébé (ou un métrage de tissu adéquat pour le fabriquer[30]) est sans doute le type même de produit à acheter ou à se faire offrir quand on attend un enfant.

chapitre 5

J'enveloppe et masse mon bébé

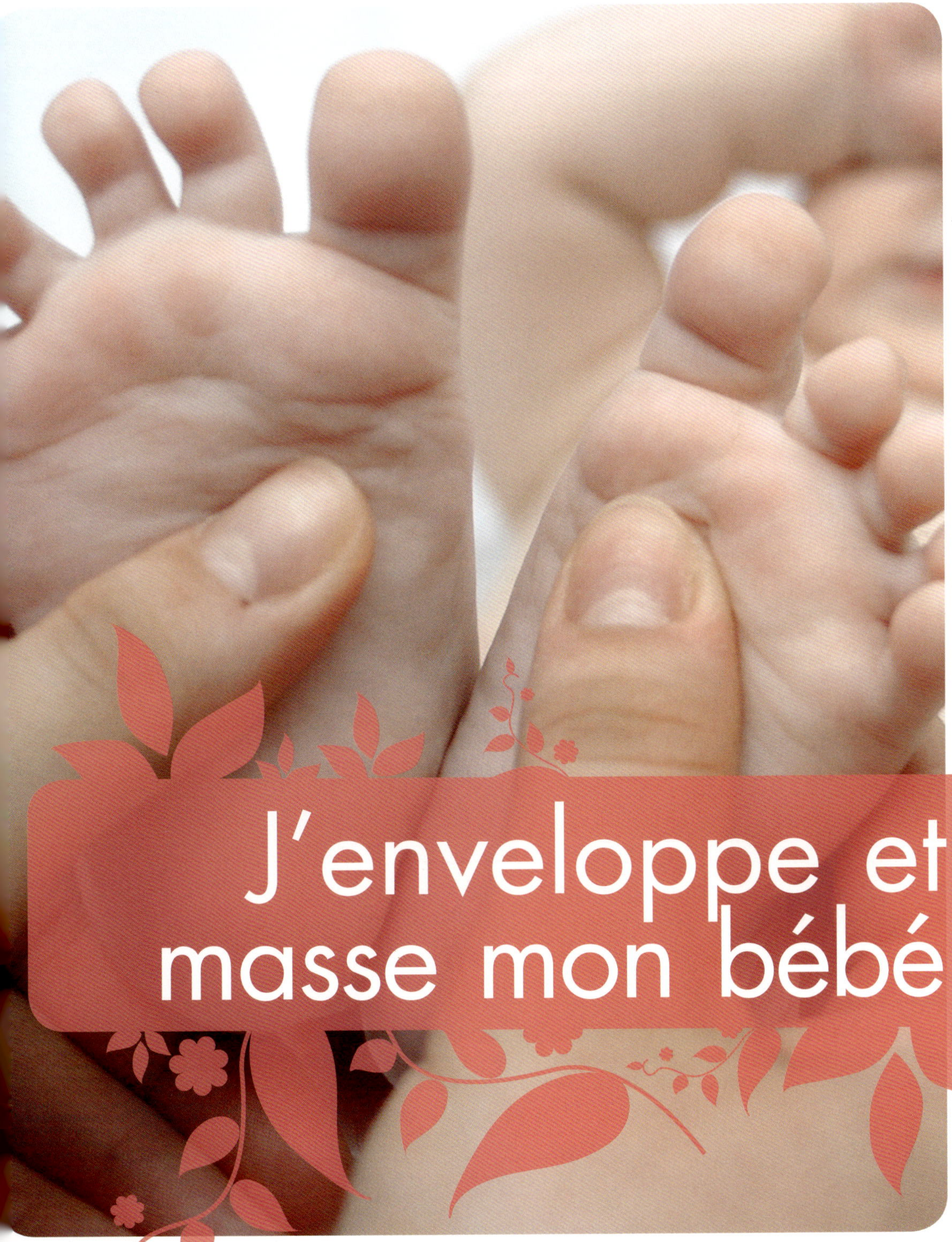

À la naissance, le bébé sort d'un milieu où tout son corps était bien contenu, où le moindre de ses mouvements se heurtait à une paroi douce, chaude et élastique, où sa peau était en contact intime, de l'intérieur, avec un autre corps.

On comprend donc qu'après la naissance, il recherche ces sensations, et que son bien-être soit en grande partie conditionné par le fait d'avoir le corps bien « enveloppé ». Qui n'a jamais retrouvé un bébé, au départ posé au milieu d'un lit, complètement pelotonné dans un coin ?

Emmaillotage, le retour ?

L'emmaillotage des bébés est une tradition qu'on retrouve dans maints endroits de la planète, y compris chez nous, où il a été pratiqué pendant plusieurs siècles, avant d'être vilipendé (comme beaucoup d'autres pratiques des mères et des nourrices) à partir du XVIIIe siècle.

Depuis peu, on parle à nouveau d'emmailloter les nourrissons, car l'observation montre que lorsqu'ils sont ainsi enveloppés, ils sont beaucoup plus calmes et dorment mieux.

En savoir plus

Lire l'excellent ouvrage de B. Bril (ethnologue) et S. Parrat-Dayan, *Materner. Du Premier Cri aux premiers pas*, éditions Odile Jacob, 2008.

Une étude, faite en 1965 par trois pédiatres américains sur des nouveau-nés âgés de 5 jours, avait montré que ceux qui étaient emmaillotés, et surtout ceux dont les bras n'étaient pas laissés libres, dormaient beaucoup plus longtemps, sursautaient beaucoup moins en cas de stimulation, avaient moins de variations du rythme cardiaque et respiratoire[31].

Comment emmailloter ?

Poser une couverture pour bébé sur le sol, pliée en triangle ; replier un peu la pointe du haut afin de former un bord sur lequel reposeront les épaules du bébé ; placer celui-ci sur la couverture, rabattre sur lui l'un des coins latéraux et le glisser sous ses fesses ; replier le coin du bas et le glisser dans ce pli ; replier l'autre coin latéral pour entourer le bébé ; rentrer le coin pour fixer la couverture au niveau de son cou.

On trouve maintenant des couvertures prévues pour l'emmaillotement (quelques exemples : couverture SwaddleMe en coton bio et avec velcros, Confort Swaddle Wrap, couverture Miracle de chez Red Castle, poche à langer des Petits Rêveurs...), mais n'importe quelle couverture pour bébé, souple et douce, peut convenir.

Massages

« Enveloppement » par les mains de l'adulte, les massages des bébés font eux aussi partie de la tradition de nombreux peuples, avec pour but d'aider au développement global du corps.

Technique

Selon Isabelle Gambet-Drago, masseur kinésithérapeute, auteure de *Bébé bonheur*, le toucher est le premier sens que l'enfant découvre dans le ventre protecteur de sa mère. Dès la naissance, le bébé a besoin de se sentir contenu et touché. Réalisé par les parents, le toucher développe un lien particulier de respect et de confiance réciproque. Un nouveau langage, celui des mains, se met en place pour des moments de partage extraordinaire.

Voici quelques pistes pour vous guider dans l'apprentissage de ce toucher bienveillant. En premier lieu, il faut avoir envie de masser, il faut avoir du temps devant soi et respecter les règles de toucher suivantes : main détendue, massage avec la paume, pression équivalente au poids du bras, rythme assez lent.

Pour commencer, exercez-vous sur le dos de votre bébé. Posez votre main droite sur son épaule gauche, glissez jusqu'à la fesse droite et enchaînez avec l'autre main sur l'épaule droite du bébé.

Faites-vous confiance et poursuivez en direction des pieds.

Si vous avez besoin d'aide, vous pouvez visionner des vidéos de massage sur le site : www.massage-bebe.fr.

Quelles que soient les raisons données, il est clair que les massages participent au bien-être du bébé et à son bon développement. On sait par exemple qu'après un mois de massages, des enfants nés prématurément montrent un poids plus important et un meilleur développement, comparés au groupe témoin[32]. Une étude, réalisée sur des enfants originaires des Caraïbes et vivant en Angleterre, a montré que ceux qui étaient régulièrement massés avaient, dès l'âge de 1 mois, un meilleur tonus général et une meilleure tenue de la tête[33].

Disparus chez nous depuis bien longtemps comme tant d'autres pratiques, les massages sont revenus avec le livre bien connu de Frédérick Leboyer, *Shantala* (Le Seuil, 1975, dernière édition en 2004).

On trouve maintenant de nombreux livres sur le sujet, des sites Internet avec photos et vidéos, des ateliers où l'on peut faire masser ou apprendre à masser son bébé[34] (on peut masser son bébé sans aller dans un atelier, mais cela peut aider à dépasser une appréhension de départ).

Contrairement aux massages traditionnels qui sont faits systématiquement et ce quelle que soit la réaction de l'enfant (c'est même la seule occasion où l'on ne répond pas à ses pleurs), l'accent est mis aujourd'hui sur le plaisir que doivent partager le massé et le masseur : on invite le bébé, et s'il n'est manifestement pas à l'aise, on n'insiste pas.

Où et avec quoi ?

La pièce doit être suffisamment chaude pour que le bébé soit à l'aise dénudé (on peut aussi se mettre à l'extérieur, s'il fait assez chaud).

On peut masser le bébé sur la table à langer, il peut aussi être allongé sur vos jambes, vous-même étant assis(e) par terre.

On utilise une huile de massage (par exemple l'huile de massage Douceur Weleda bébé, 100 % bio, ou toute autre huile végétale de première pression à froid), qui permet un contact doux et fluide entre les mains et le corps du bébé.

À lire

I. Gambet-Drago, *Bébé bonheur : 35 massages de bien-être pour mon bébé*, éditions Manise, 2006.

R. Izsak Simonet, *Masser bébé. Le toucher du cœur*, éditions Jouvence, 2004.

chapitre 6

Je lave mon bébé

Les soins du corps sont des moments importants de la journée de bébé. C'est souvent un tête-à-tête privilégié avec papa ou maman, un moment d'apaisement, de paroles et de découvertes tactiles et olfactives, l'occasion d'explorer de nouvelles sensations, nécessaires au développement sensoriel.

Le bain

Le bain permet d'éliminer toute trace de transpiration ou de régurgitations. Mais un bain quotidien n'est pas obligatoire : un bébé de quelques jours ou quelques semaines ne se salit pas au point d'avoir besoin d'un bain tous les jours. D'autant plus si l'on prend la précaution de bien lui nettoyer les fesses lors du changement des couches.

Si le bain est un moment agréable pour le bébé et les parents, il n'y a pas de raison de s'en priver. L'eau, et particulièrement l'eau chaude, a des vertus calmantes et relaxantes, bien appréciables à certains moments.

Mais si c'est une corvée pour les parents et que le bébé n'apprécie pas, pas la peine de se forcer... En tout cas, pas la peine de savonner le bébé avant de le plonger dans l'eau, chose que beaucoup détestent particulièrement.

Quant à ceux qui n'aiment pas se sentir perdus tout seuls dans leur baignoire, ils apprécieront sans doute de prendre leur bain en sécurité dans les bras de maman ou papa, ou dans une de ces baignoires petites et rondes en forme de seau (baignoire Shantala ou Tummy Tub), où il sera en position fœtale (ou assis un peu plus grand) et bien « contenu » (autre intérêt de ces baignoires : elles utilisent beaucoup moins d'eau).

Attention à ne jamais laisser bébé seul dans son bain : si, pour une raison ou pour une autre, on doit l'interrompre, on enveloppe bébé et on l'emmène avec soi.

Les produits cosmétiques

Les bébés ont la peau particulièrement délicate. Ils sont très sensibles aux agressions chimiques des produits cosmétiques classiques, savons, shampoings, lait de toilette, dentifrices, etc. Les cosmétiques sont par définition des produits d'hygiène et d'embellissement et ne doivent pas nuire. Or, depuis quelques années, on les soupçonne de renfermer de nombreux composants nuisibles à la santé.

> **Elles le vivent**
>
> « Le shampoing n'est pas non plus indispensable tous les jours, explique Anne. Pour les croûtes de lait, j'utilise de l'huile d'amande douce pour les ramollir et ensuite, très délicatement, je passe soit un peigne fin soit tout simplement mes doigts. »

Parmi eux, les célèbres parabènes, des conservateurs accusés d'être cancérigènes et allergènes. Plusieurs études ont montré qu'ils exerçaient une faible mais réelle activité œstrogénique, potentiellement dangereuse sur le long terme, par accumulation dans l'organisme.

Le propylène Glycol, de la famille des éthers de glycol, forme cosmétique de l'huile minérale, est irritant pour la peau.

Le sodium Lauryl sulfate (SLS) est un irritant dangereux pour les yeux, et le sodium Laureth Sulfate (SLES) peut réagir négativement à la présence d'autres composants.

Le fameux formaldéhyde est cancérigène.

Mineral Oil entrave la respiration de la peau, etc.

En savoir plus

A. Ghesquière et A. Demange, *Le Guide des cosmétiques bio*, éditions Vigot, 2006.

É. Demange et A. Ghesquière, *Achetons des cosmétiques bio*, éditions Minerva, 2007.

Où acheter des cosmétiques bio pour bébé ?

On en trouve dans toutes les boutiques et supermarchés qui proposent du bio, mais les prix sont parfois élevés. La plupart des grandes surfaces proposent des produits bio, mais la sélection n'est pas toujours pertinente. Les sites suivants, parmi de nombreux autres, proposent en ligne des cosmétiques bio à des prix abordables :

www.comptoirdunaturel.com
www.shoppingbio.com
www.bebeaunaturel.fr
www.natiloo.com
www.mondebio.fr
www.formazur.fr

La liste est trop longue et la solution la plus simple consiste à privilégier les produits bio « spécial bébé », insiste Anne Ghesquière, auteure avec Anne Demange du *Guide des cosmétiques bio*. « Tout en faisant bien attention à éviter les huiles essentielles pour les tout-petits. Je tiens aussi à dénoncer la pratique de distribuer des produits gratuits à la maman lorsqu'elle est à la maternité. Cela leur donne une caution médicale qu'ils sont loin de mériter. »

Afin d'éviter les composants nocifs dont on connaît mal les dangers, on privilégiera donc les produits ayant les logos BDIH, ECOCERT, Nature et Progrès ou Cosmébio (Label Eco et Label Bio).

Tant qu'à faire, on essaiera de choisir les produits qui vont jusqu'au bout de la démarche de développement durable, c'est-à-dire ceux qui proposent des recharges, un conditionnement familial, et limitent la quantité de déchets. Ils ne reviennent pas plus chers que les produits cosmétiques haut de gamme...

Les labels

BDIH : ce label allemand garantit que les produits « naturels contrôlés » respectent le cahier des charges du BDIH. « Leur composition exclut : les paraffines et les silicones, les parfums et les colorants de synthèse, les composants irradiés ou issus d'organismes génétiquement modifiés, les matières premières d'origine animale sauf la lanoline ou le miel, les conservateurs. Ils utilisent des composants végétaux issus le plus souvent de l'agriculture biologique. »

CosméBIO et CosmECO : ces logos « cosmétiques bio » délivrés par l'association Cosmébio garantissent que les produits ont été contrôlés par Ecocert ou Qualité France. Ce logo vert Cosmétique bio, charte Cosmébio, certifie que :

- 95 % minimum des ingrédients sont naturels ou d'origine naturelle ;
- 95 % minimum des ingrédients végétaux sont bio ;
- 10 % minimum des ingrédients du produit fini sont bio.

Ce logo bleu Cosmétique éco, charte Cosmébio, certifie que :

- 95 % minimum des ingrédients sont naturels ou d'origine naturelle ;
- 50 % minimum des ingrédients végétaux sont bio ;
- 5 % minimum des ingrédients du produit fini sont bio.

Ecocert : ce label « cosmétique bio » garantit que les produits ont été contrôlés puis certifiés par Ecocert. Tous les cosmétiques certifiés contiennent au minimum 95 % d'ingrédients d'origine naturelle et sont transformés selon des procédés respectueux de l'environnement validés par Ecocert. Les 5 % restants font partie d'une liste très restreinte, avec seulement 5 conservateurs autorisés.

Nature & progrès : cette mention « cosmétique bio » garantit que les produits respectent le cahier des charges Nature & progrès. Le cahier des charges n'autorise que l'emploi de végétaux bio et impose un engagement important des marques sur de nombreux points environnementaux et sociaux.

Les soins

Sans revenir nécessairement au gant de toilette, on préférera les lingettes lavables, qui s'utilisent comme les jetables du commerce mais que l'on ne jette pas. Elles sont en coton bio, bambou, chanvre ou polaire, pratiques à utiliser, et après usage se lavent en machine avec le linge de bébé. Elles remplacent aisément les lingettes jetables.

Attention à ne pas se précipiter sur les lingettes bio, un marché comme les autres. Ce n'est pas parce que c'est bio qu'il faut acheter. Ces lingettes participent elles aussi à la pollution de l'environnement.

Le saviez-vous ?

Le lait maternel est cicatrisant, quelques gouttes sur les fesses de bébé font des miracles.

Mais aussi la crème Rescue, contenant un mélange d'élixirs floraux du Dr Bach.

Les lavables s'utilisent partout, à la maison, en voyage, avec de l'eau, du savon d'Alep, du liniment oléocalcaire, de la lotion, etc.

Le liniment oléocalcaire est idéal pour la toilette. Il est parfait pour nettoyer les fesses de bébé, mais certains l'utilisent comme savon et produit pour toute la famille en variant les huiles – amande douce, noisette, etc. Le « classique » est une émulsion d'huile d'olive et d'eau de chaux, que l'on trouve désormais en pharmacie (liniment oléocalcaire stabilisé de Gifrer). Vous pouvez le fabriquer vous-même en achetant l'eau de chaux en pharmacie. Les proportions sont moitié-moitié. Vous versez dans un flacon opaque et vous émulsionnez en agitant fortement. Vous pouvez aussi le préparer dans un mixer ou le monter à l'ancienne comme une mayonnaise. Vous trouverez de multiples recettes de cette préparation sur Internet.

En savoir plus

C. Gourlat, *1001 Trucs de maman de 1 jour à 1 an*, éditions Leduc. S, 2004.

La dernière version du guide *Cosmétox* de Greenpeace (téléchargeable sur le site femininbio.com) informe le consommateur sur la présence de substances nocives dans les produits cosmétiques de consommation courante. Il propose également une comparaison et un classement de divers produits cosmétiques.

chapitre 7

Je mets des couches (ou non)

Les couches ont longtemps été considérées comme un matériel essentiel à la vie d'un bébé. Il existe cependant aujourd'hui, chez de nombreux parents, une remise en question du système des couches jetables. Remise en question due à l'appel de l'environnement, à l'utilisation trop importante de produits toxiques et à l'ouverture à d'autres conceptions de la propreté chez le nourrisson.

Avec couches

Lavables ou jetables ?

Les couches lavables connaissent un succès grandissant auprès de parents « écolo-bio ». Certaines crèches s'équipent. Selon le CNIID[35] (Centre national d'information indépendant sur les déchets), elles représentent aujourd'hui 1 à 2 % du marché des couches, mais elles devraient vite en grignoter plus de 5 %.

En face, celui des couches jetables est majoritairement détenu par de puissantes multinationales (Procter & Gamble, Kimberly Clarck et SCA), dont le chiffre d'affaires en France s'élève chaque année à 600 millions d'euros. Selon le *Guide des couches lavables et autres alternatives aux couches jetables* (voir encadré), une véritable expertise réalisée sur le sujet par l'équipe de la revue *Grandir autrement*, « il ne s'agit pas d'un retour en arrière mais d'une véritable évolution des mentalités ».

Une expertise

C. Phung (sous la direction de), *Guide des couches lavables et autres alternatives aux couches jetables*, éditions Grandir autrement, 2008.

Ce guide est une véritable « expertise » sur le sujet : 300 pages et de nombreuses photos en couleur, pour répondre à toutes les questions des parents, même les plus improbables comme par exemple, « Couches lavables et condition de la femme : un retour en arrière ? » Des pas à pas permettent de bien visualiser l'utilisation, la pose, le pliage des différents langes, ainsi que leur confection. On y trouve aussi un annuaire recensant toutes les associations, les boutiques vendant des couches lavables, ainsi que celles commercialisant les tissus pour les fabriquer, sans oublier celles permettant de les louer et le blanchissage collectif. Cet ouvrage a été rédigé par l'équipe de Grandir autrement, association loi 1901, qui a également créé le magazine bimestriel parental du même nom.

www.grandirautrement.com

L'impact écologique

La couche jetable n'est à l'évidence pas un produit écologique. Environ 1,6 milliard d'entre elles sont utilisées chaque année sur la planète. « Leur production et leur utilisation nécessitent une consommation d'énergie 3,5 fois plus importante que pour les lavables, elles nécessitent pour leur fabrication 2,3 fois plus d'eau. À l'arrivée, elles représentent 8,3 fois plus de matières premières non renouvelables et génèrent 60 fois plus de déchets solides. » Sans oublier les millions d'arbres sacrifiés. Trois ans de consommation de couches jetables par un enfant représentent cinq arbres... Incinérées, elles favorisent la production de dioxine.

Depuis des années, des études effectuées par différentes associations de consommateurs (Greenpeace et Öko-Test[36]) dénoncent la présence de produits chimiques dans ces couches (polychloroprène en 1967, benzol en 1988, dioxine en 1989, tributylétain [TBT] en l'an 2000, etc.), de produits toxiques, cancérigènes, à l'origine d'allergies et dont en fait, on ne connaît pas les effets à long terme sur la santé.

Le prix

L'économie est réelle, même si l'investissement de départ peut sembler important. L'achat peut être étalé sur plusieurs mois, ou faire l'objet de cadeaux au moment de la naissance. On pourra les réutiliser pour les enfants suivants, et sinon, il est possible de les revendre d'occasion, entre 50 et 70 % de leur prix d'achat si elles sont en bon état. Selon les comptes de la petite entreprise Tom & Lulu[37], basée à Limoges, un enfant portera en moyenne 7 000 changes, soit une dépense de près de 2 000 € et une tonne de déchets non recyclables en raison de leur protection plastique.

À lire

C. Beneytout, auteure du livre *Les couches lavables... ça change tout !* (éditions La Plage. 2008), partage son expérience et prodigue une multitude de conseils et astuces pour utiliser et fabriquer les couches lavables en toute sérénité.

Les avantages des couches lavables

Ils ne sont pas seulement financiers et écologiques. C'est aussi un plus pour la santé de bébé. On soupçonne les couches jetables de maintenir à une température trop élevée les bourses des petits garçons, avec de possibles problèmes de stérilité à la clé. Avec les lavables, l'érythème fessier est réduit, car il n'y a pas de capteurs chimiques. Et, avantage non négligeable, l'enfant comprend mieux le lien entre uriner et avoir la couche mouillée, il devient propre plus tôt.

Le système couche lavable + culotte est, selon les dires de tous les utilisateurs, plus performant et évite les fuites. Le design a bien évolué : les couches lavables existent en tissu bio (coton, velours, chanvre et bambou) et sont doublées de micropolaire[38] pour l'« effet au sec ». Certaines sont très élégantes, avec des attaches en Velcro. Le choix est de plus en plus diversifié. « Les TE1 dont une Öko-Test pour débuter, la couche portefeuille, la TE2 nouvelle qui s'attache et se détache de la couche-culotte, etc. », le guide de la revue *Grandir autrement* effectue une étude approfondie de tous les modèles, très complète et qui mérite que l'on s'y attarde pour choisir. Il réalise même une enquête sur les différents tissus utilisés et leur impact. On peut aussi trouver de l'aide en s'adressant aux associations de plus en plus nombreuses à communiquer sur ce thème.

Elles le vivent

« Le prix des couches lavables varie entre 400 et 500 € (un jeu complet), plus une dépense d'environ 200 € de lessive pour leur entretien. On arrive à une somme aux alentours de 700 €. Cela représente donc une économie substantielle », témoigne Inès, une maman très motivée.

Seul bémol : le stockage et les lessives plus fréquentes. Il existe des astuces pour les conserver jusqu'à la prochaine lessive (voir témoignage). On peut les laver à 40 °C, sans problème de taches persistantes, et sinon, effectuer un cycle long à 60 °C avec du vinaigre blanc. Comme produit de lessive, il existe les noix de lavage, fruits d'un arbre qui pousse en Inde et au Népal, le *Sapindus mukorossi*. Elles sont utilisées depuis des siècles pour cet usage. Les coques des noix contiennent une substance nettoyante, la saponine, qui opère comme un savon naturel au contact de l'eau.

L'avenir est sans doute au blanchissage collectif. Les couches sont lavées dans des machines industrielles à consommation d'énergie bien moindre que le simple électroménager domestique. Des capacités de lavage plus importantes permettent en outre de réduire la consommation d'énergie. Pour la famille, le surcoût financier permet de récupérer du temps. La France est très en retard à ce sujet par rapport à d'autres pays comme la Belgique. Même si de nombreux projets sont à l'étude, les entreprises proposant ce service sont peu nombreuses ; pour l'instant, on en trouve seulement à Rennes et à Strasbourg (www.couches-ecoservice.com).

En savoir plus

L'association L'Arbre à bébés informe sur un maternage respectueux et propose un cours de couture de couches pour les nuls ! En effet, des mamans de plus en plus nombreuses décident de les fabriquer elles-mêmes.
http://larbreabebes.free.fr
Bulle de coton, l'association pour la promotion des couches lavables, est née en 2006 grâce à Internet. Elle informe, offre un service de locations de couches pour un mois non renouvelable, une bonne manière de se familiariser et de se décider à se lancer dans l'aventure ou non. www.bulledecoton.org

Astuce

Quand vous achetez des couches lavables, vous devez les laver une à deux fois avant de les utiliser, pour un meilleur pouvoir d'absorption. Comme les serviettes de bain ou les torchons, elles se bonifient en vieillissant.
Et sur le site www.femininbio.com : des témoignages sur le blog « mama ecolo » et un article sur les couches lavables.

Les couches jetables écologiques

Les Moltex, couches bio allemandes avec le label Öko-Test, composées à 50 % de matières renouvelables, garanties sans chlore et emballées dans un sachet biodégradable, sont un compromis acceptable. Elles procurent une bonne protection contre les irritations et réduisent les odeurs grâce aux extraits de feuilles d'arbre à thé imprégnant l'intérieur de la couche. Elles sont garanties sans TBT et autres substances biocides. Les feuilles d'arbre à thé proviennent d'organismes non génétiquement modifiés et issus de l'agriculture biologique.

Leur prix : de 15 à 20 € en moyenne le paquet de 30. On les trouve en magasin bio et en vente sur Internet, comme par exemple sur le site « Bébé au naturel ».

Quelques sites Internet

www.leportailbio.com
www.bebe-au-naturel.com
www.bebe-ecolo.com
www.natiloo.com

Elles le vivent

« On met à bébé une couche lavable (coton, chanvre, bambou ou tissu polaire) recouverte d'une culotte de protection (polaire, micropolaire, etc.). On ajoute dans la couche une feuille de papier absorbante spéciale, afin de recueillir les selles. En cas d'irritation des fessiers, on peut remplacer ce papier par une doublure en bourrette de soie. À partir de 6 mois, je conseille de rajouter (en plus du papier) une doublure absorbante ou un lange plié dans la couche pour les siestes et la nuit. Il est préférable d'avoir plusieurs couches de protection. On peut ainsi en faire sécher une lorsqu'elle n'est pas souillée, et s'en servir à nouveau la fois suivante. On place ensuite la couche souillée dans un seau rempli d'eau, additionné de quelques gouttes d'huile essentielle de Tea tree (arbre à thé), aux propriétés désinfectantes. »

Sans couches

Certains parents ont entrepris d'élever leur enfant sans recourir du tout aux couches, ce qui est sans aucun doute la solution la plus écologique qui soit !

Ils pratiquent l'HNI (hygiène naturelle infantile, en anglais Elimination Communication), qui n'est pas, contrairement à ce qu'en pensent ses détracteurs, un retour à un dressage forcé et précoce à la propreté.

Elle est basée sur la constatation que, si on l'observe bien, le bébé envoie, dès tout petit, des signaux indiquant qu'il est sur le point de faire pipi ou caca. Une fois ces signaux repérés (au début, il y a bien sûr des ratés), on peut lui faire faire au-dessus d'un récipient ou au-dessus du sol si l'on est dans la nature.

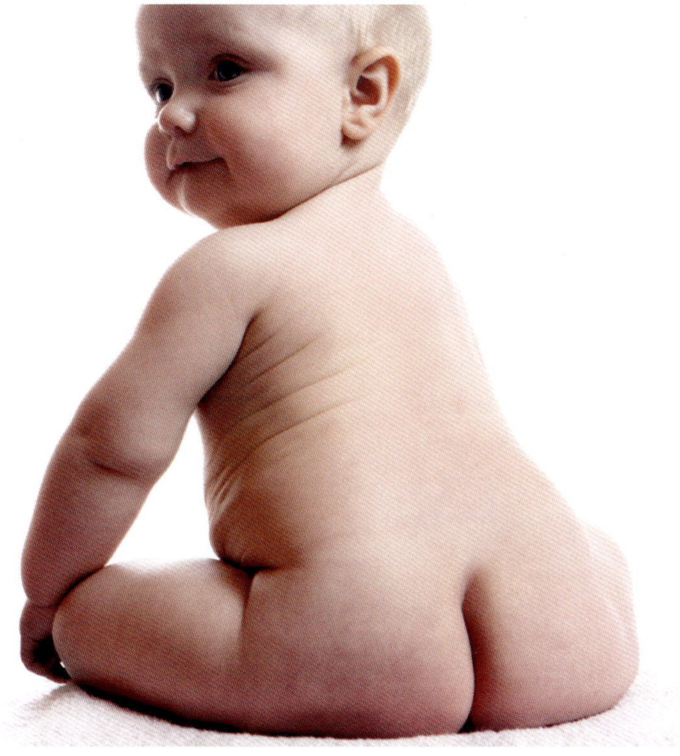

Cela suppose bien sûr une grande proximité entre la mère et son enfant, mais devient, aux dires de ceux qui le pratiquent, de plus en plus facile avec le temps.

À noter que l'HNI peut se pratiquer « à temps partiel », des couches étant alors utilisées dans certaines circonstances.

Elles le vivent

« Tout comme j'écoute mon bébé me dire son besoin de téter, de dormir, d'être porté dans mes bras, d'être touché, massé, aimé, protégé, j'écoute mon bébé me dire son besoin d'éliminer, tout simplement… Il paraît que ça s'appelle hygiène naturelle infantile. Moi, je dis que c'est juste écouter mon bébé, être à l'affût du moindre signe, si subtil, surtout au début. Et de jour en jour, je suis de mieux en mieux connectée à lui, de jour en jour, la demande de sa part se fait de plus en plus claire. Mes réponses se mettent en place, je fais ça comme j'allaite : comme je respire ! »

À lire

I. Bauer, *Sans couches, c'est la liberté ! À la redécouverte de l'hygiène naturelle du bébé*, éditions L'Instant présent, 2006.

S. Monrocher-Zaffarano, *L'hygiène naturelle de l'enfant, La vie sans couches*, éditions Jouvence, 2005.

C. Phung (sous la direction de), *Les Couches lavables et autres alternatives aux couches jetables*, éditions Grandir autrement, 2008.

chapitre 8

J'habille mon bébé

Choisir des vêtements bio permet non seulement de préserver l'environnement, mais également la santé de votre bébé. À ce propos, le choix des chaussons est également important et bien souvent mal conseillé !

Les vêtements bio

Pourquoi ?

Cela évite au bébé d'être en contact avec toutes sortes de produits chimiques contenus dans les tissus, et préserve ainsi sa santé. Cela nous incite à acheter des matières premières respectueuses de l'environnement et des hommes qui les cultivent. Il est important de noter que la production conventionnelle de coton est une des plus polluantes de la planète.

Le traitement des tissus

Les traitements subis par les fibres textiles sont multiples, complexes et différents selon les tissus. Quelques exemples qui parlent d'eux-mêmes :

- pour enlever le suint de la laine on utilise des solvants ;
- l'hypochlorite de soude (eau de javel) sert au blanchiment du coton ;
- en ce qui concerne les teintures et l'impression, plus de 4000 substances issues de la chimie ont été répertoriées ;
- pour faciliter l'imprégnation des colorants, on ajoute un fixateur souvent à base de chrome, un métal lourd ;
- afin de lui donner son aspect soyeux, le coton est imbibé de soude caustique, une substance hautement toxique pour la peau et les muqueuses ;
- pour rendre les vêtements infroissables, notamment ceux en coton et en rayonne, on utilise du formaldéhyde, un allergène bien connu...

Les risques pour la santé sont donc réels, dus majoritairement à la présence de deux grandes familles de produits chimiques : les teintures et les résines synthétiques.

Il ne faut pas oublier les problèmes de santé des ouvriers liés à leur utilisation, et les risques pour l'environnement : pollution des eaux par la multitude de produits chimiques utilisés, besoins d'irrigation insensés (comme pour la culture du coton à l'origine d'un désastre écologique, l'assèchement de la mer d'Aral)...

En savoir plus

C. Aubert, M. Goldminc, *Vêtement, la fibre écologique*, éditions Terre Vivante, 2001.

La filière biologique

La filière textile, traditionnelle ou biologique, est très morcelée et d'une grande complexité, d'où la difficulté de traçabilité des produits et la multiplication des labels. Afin de bénéficier de certifications ou de labels bio, plusieurs conditions sont exigées :

- le produit doit être composé à 100 % de matières biologiques ;

- les fibres textiles doivent être issues d'une culture organique et en accord avec la réglementation européenne des produits bio de juin 1991 ;
- les OGM sont interdits.

Parmi tous ces labels et certifications, on peut distinguer les labels bio qui concernent les techniques de production de la fibre. Plusieurs organismes certificateurs existent :

- le plus courant est IMO (Suisse) utilisé pour les textiles biologiques et écologiques ;
- le second est le label Eko (Pays-Bas) ;
- on trouve également dans cette catégorie des labels développés par des associations ou des ONG, comme Demeter.

Puis viennent les labels écologiques. Ils sont de deux sortes :

- Oeko Tex, label allemand, garantit la non-toxicité des teintures et des produits utilisés dans la confection des vêtements ;
- le label écologique de l'Union européenne, label sans garantie bio. Il s'agit d'un système d'homologation unique destiné à aider les consommateurs européens à discerner les produits et les services favorables à l'environnement (en dehors des denrées alimentaires et des médicaments). Il limite les résidus toxiques et garantit l'absence de métaux lourds et de formaldéhyde.

En savoir plus
www.oeko-tex.com
www.eco-label.com

On trouve aussi les labels ou garanties de commerce équitable :

- www.commercequitable.org
- www.ecocert.fr, label français émanant d'un organisme de contrôle et de certification qui délivre des certificats établissant que les produits sont conformes au mode de production biologique.

cut 4 cloth

Quelles matières ?

Le coton biologique

L'appellation «coton biologique» signifie que les traitements subis par le coton après la récolte sont exempts de produits dangereux. Il est donc très bien toléré par la peau. D'où le risque minimum pour bébé de développer des allergies.

La culture biologique du coton, contrairement à la conventionnelle, ne fait pas usage de pesticides dangereux. Elle restaure la fertilité des sols. Autre avantage, le cours du coton bio n'est pas victime de la spéculation, garantissant ainsi aux petits pays producteurs des revenus constants. En bio, les planteurs de coton d'Afrique et d'Asie sont rémunérés 20 % de plus qu'en culture conventionnelle. Alors, le prix de vente est un peu plus élevé, mais plus les consommateurs achètent, plus il baissera...

Le chanvre

Cette plante textile est cultivée principalement en Europe de l'Est, en Russie et en Chine. Le chanvre produit des fibres naturelles et sa culture n'a besoin ni d'engrais chimiques ni de pesticides. Sa croissance est rapide, et à la différence du coton, il nécessite très peu d'irrigation. Le chanvre absorbe bien l'humidité (et donc la transpiration); il maintient le corps au chaud l'hiver, au frais l'été. On le dit également antibactérien, caractéristique qui serait liée aux propriétés chimiques de ses fibres.

Le bambou

Ce n'est pas une fibre naturelle. On l'obtient en extrayant la cellulose, et ce procédé utilise largement la chimie. Pourtant, la toile de bambou présente de nombreuses qualités : c'est un tissu respirant, antibactérien naturel, aux propriétés antiodeurs et anti-UV... Elle permettrait en prime de réduire la déforestation : «Beaucoup de textiles sont issus du bois, mais les résineux mettent soixante ans à repousser et les feuillus un siècle. L'avantage du bambou est qu'il pousse très vite et qu'il n'a pas besoin d'engrais.»

Le lin bio

Il est parfait pour les peaux sensibles, sa culture plutôt écologique exige peu d'engrais et de pesticides. Il est idéal pour l'été parce qu'il absorbe l'humidité et laisse respirer la peau.

En savoir plus
www.femininbio.com/mode/zoom-fabrication/le-lin-une-matiere-naturellement-bio.html

La laine

C'est une fibre naturelle, sa structure physique lui permet d'enfermer une très grande quantité d'air et lui confère un grand pouvoir isolant vis-à-vis du froid. Si elle gratte, c'est une réaction de contact. Pour éviter ce phénomène, la maison Ardelaine pratique le foulonnage qui consiste à la laver au savon.

Elles le vivent

« La peau de mon bébé est très fragile et je fais très attention à la façon dont je l'habille. Presque tous ses vêtements sont en coton biologique. À sa naissance, sa grand-mère lui avait tricoté un pull en laine. Mais, à chaque fois qu'il le portait, sa peau s'irritait autour des poignets. Le pédiatre m'a expliqué que la laine, même si c'est une matière naturelle, est souvent irritante pour la peau de bébé. Il m'a conseillé de la choisir bio. »

Pour un hiver tout doux, on peut choisir la laine pure et vierge, bio ou labellisée Demeter.

Certains préfèreront le cachemire ou le cashgora, poil de chèvre d'Inde pour le premier, de Nouvelle-Zélande pour le second.

En savoir plus
www.ardelaine.fr
www.femininbio.com/mode/zoom-fabrication/vive-la-laine.html

La soie

L'élevage est par nature écologique : les champs de mûriers ne sont pas traités, sinon le ver meurt. Malgré les qualités des produits, reste le problème des teintures qui renferment des métaux lourds.

Quelles marques ?

L'univers du vêtement bio est en pleine expansion. Chaque jour, de nouvelles marques apparaissent, d'où cette petite sélection qui est loin d'être exhaustive.

- www.natiloo.com, qui propose des produits bio et naturels pour vous et votre bébé ;
- www.ekyog.com, une entreprise bretonne qui a désormais une boutique à Paris au marché Saint-Germain dans le 6e arrondissement ;
- www.ideo-wear.com, membre de la plate-forme française pour le commerce équitable ; il bénéficie des labels Skal (pour la culture du coton bio) et Agreco (pour ses ateliers de confection en produits écologiques) ;
- www.bababio.com, www.brindilles.fr ;
- de nombreuses grandes marques de vêtements occupent aussi le créneau : un trousseau entièrement bio chez Absorba (www.absorba.fr), une ligne bébé bio chez Verbaudet ou encore la ligne bio chez Monoprix...
- pour le coton bio : www.laqueueduchat.com.

Et pour les pieds ?

À en croire les vendeurs dans les magasins de puériculture, il faudrait très vite mettre aux pieds des bébés des chaussures rigides, qui « tiennent la cheville » et avec une voûte plantaire, afin qu'ils apprennent bien à marcher.

À les entendre, on se demande comment les peuples qui vivent pieds nus arrivent à marcher sans trop de problèmes !

En fait, tant que votre bébé ne marche pas debout dehors, les chaussures sont complètement inutiles. Il peut très bien rester pieds nus ou, si vous craignez qu'il n'attrape froid, en chaussettes (il existe des modèles antidérapants qui peuvent être utiles pour un bébé qui se redresse sur un sol très lisse), ou en chaussons de cuir souple.

Ces chaussons, qu'on trouve maintenant facilement dans certaines boutiques ou sur Internet, protègent les pieds des bébés sans gêner leurs mouvements, car le cuir souple épouse leur forme. La semelle est en cuir retourné, donc antidérapante, et l'élastique à la cheville permet de bien maintenir les chaussons aux pieds.

Où les trouver ?

Un site qui vend chaussons souples et chaussures sans voûte plantaire de différentes marques : www.petitspasdegeant.com

Le site www.lelienlacte.com tient à jour une liste des différents sites proposant chaussons et/ou chaussures.

Le site www.natiloo.com qui propose également des produits bio et naturels pour vous et votre bébé.

Pour l'extérieur, et quand votre bébé marche debout, les chaussons ne sont plus vraiment adaptés, car leur semelle fine ne protège pas bien des aspérités du sol et s'abîme vite.

On peut alors passer à des chaussures en cuir souple avec une semelle plus rigide. Et sans voûte plantaire, car comme l'écrivait un podologue[39] : « Jusqu'à 2 ans, les pieds plats sont naturels ; il est donc inutile de munir l'enfant de chaussures à voûtes plantaires. Au contraire, les voûtes créent une incitation à la marche en adduction (les pieds rentrés) et favorisent les entorses. Par contre, la marche pieds nus sur des terrains meubles (gazon, sable...) musclera la voûte en formation. »

chapitre 9

Je veille à son environnement

Depuis de nombreuses années, toutes les études scientifiques des organismes internationaux attirent l'attention sur les dangers de l'exposition des femmes enceintes et des jeunes enfants à des substances toxiques qui peuvent perturber les fonctions endocriniennes, le système nerveux et le système immunitaire.

La chambre de bébé

La journaliste Anne-Corinne Zimmer a réalisé une enquête approfondie sur le sujet[40]. Dans son ouvrage, elle énonce les dangers et donne la conduite à suivre. Pour peindre la chambre de bébé, souligne-t-elle, «à l'heure actuelle, les fabricants de peintures et autres matériaux n'ont toujours pas l'obligation de fournir la liste des composants. Le consommateur en est réduit à s'en remettre aux certifications et à bien repérer les mentions du genre «Ne pas appliquer près d'une flamme» qui signalent la présence de solvants. Ensuite, il est préférable de laisser la pièce au moins quinze jours

En savoir plus

En janvier 2008, un rapport déposé par la sénatrice Marie-Christine Blandin, consultable sur le site Internet de l'Assemblée nationale[41], mettait en garde contre les dangers pour la santé. Au menu des polluants : les composés organiques volatils du mobilier, les fumées de tabac, les désodorisants, les émissions liées aux activités de cuisine, de ménage et de bricolage.

sans l'investir, afin de laisser aux éventuels éthers de glycol et autres composés organiques volatils toxiques le temps de s'évaporer».

À noter qu'il existe des peintures naturelles exemptes des fameux éthers de glycol[42]. Malheureusement, aucun solvant n'étant complètement inoffensif, les solvants naturels (essence de térébenthine balsamique, distillats d'agrumes...) peuvent aussi entraîner des troubles dermatologiques ! Ils sont certes préférables, mais ont aussi leurs limites.

En savoir plus

Vous trouverez sur les sites Internet www.eco-logis.com et www.terrevivante.org des matériaux de construction naturels pour bâtir ou restaurer un habitat écologique ainsi que de nombreux conseils.

Ces peintures sont plus chères, mais c'est un bon investissement pour la santé de tous.

Pour l'aménagement de la chambre, Anne-Corinne Zimmer conseille de réduire la présence de matériaux en PVC (polychlorure de vinyle) : même s'il ne présente pas à ce jour de risque avéré pour la santé, il a déjà été abandonné par le fabricant de meubles Ikea... Sans oublier les dangers des phtalates, des agents plastifiants destinés à les assouplir, eux aussi très dangereux pour la santé.

Il en est de même pour les meubles, commodes, armoires, étagères, tables à langer et lits : «En attendant la mise en place de normes d'émission, explique Anne-Corinne Zimmer, on évitera tous les bois agglomérés, traités, vernis ou encollés. On choisira du pin massif brut, une valeur sûre, à peindre soi-même avec des produits choisis.»

Le saviez-vous ?

97 % des foyers d'Ile de France recèlent des pesticides, dont certains, comme le Lindane utilisé dans les charpentes, sont interdits depuis plusieurs années. Tels sont les premiers résultats, publiés en mai 2008, du projet Expode mené par l'Ineris, Institut national de l'environnement industriel et des risques. Cette recherche a été réalisée à l'aide de mesures et de tests urinaires faits sur 130 enfants vivant en maison ou en appartement.

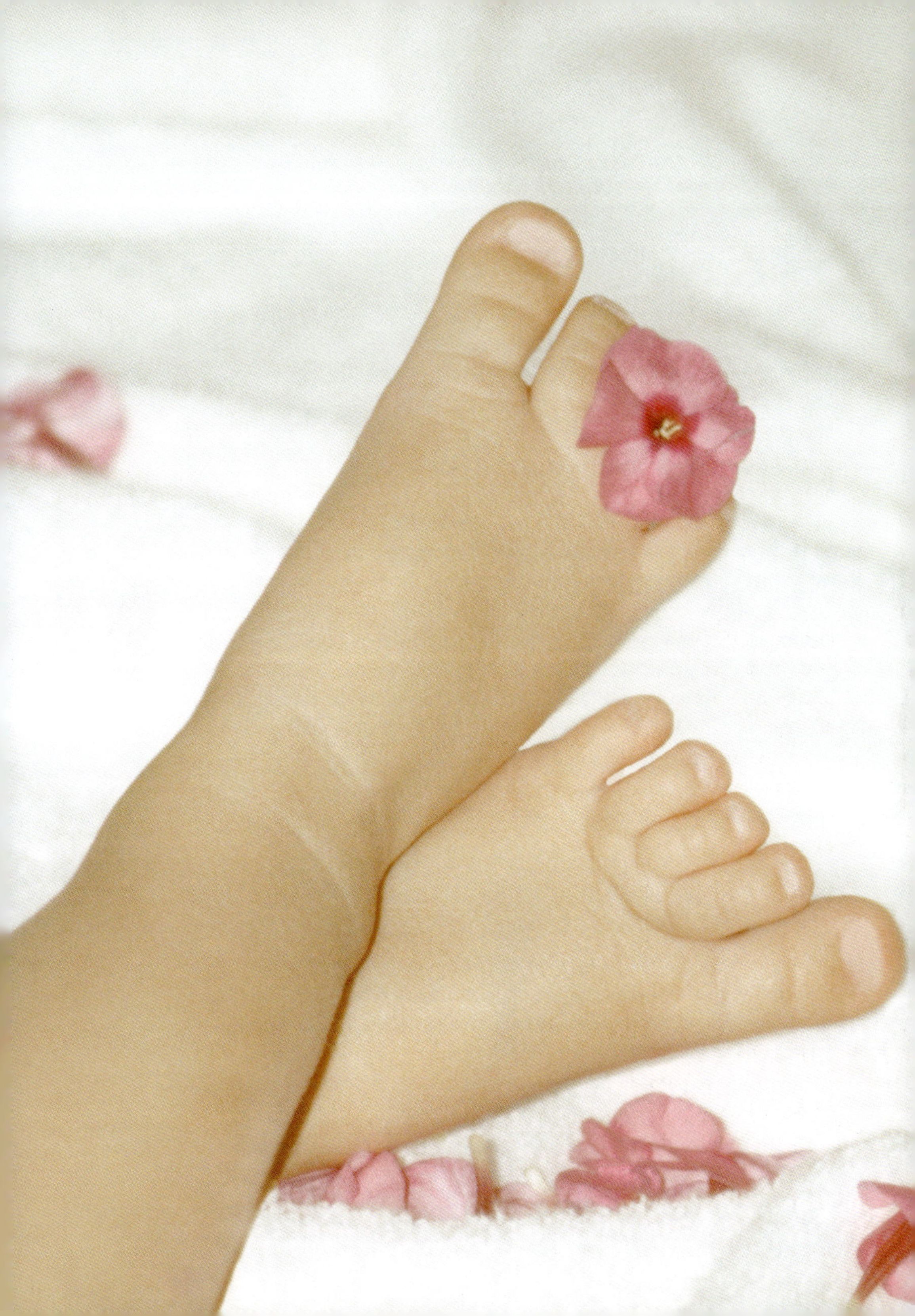

Les bons choix

La chambre de bébé doit être saine et calme. Pour l'isoler des bruits et du froid, il existe le liège, en panneaux ou en granulats, le chanvre bio, un parfait isolant thermique, ou encore le lin, un matériau facile à poser.

Sur FemininBio.com, Olivier Le Dantec parle du chanvre et des multiples utilisations de cette plante, bénéfique à la fois pour l'environnement et pour notre santé à la maison.

En savoir plus
www.technichanvre.com

Si vous vivez dans une maison et que la chambre de bébé se trouve dans les combles, la laine de mouton est un bon isolant et en plus très bon marché.

Pour le sol, vous pouvez utiliser le latté de bambou, 100 % naturel, très dense et très résistant. Son bonus écologique : cette plante se reproduit beaucoup plus vite que les arbres. On l'entretient à l'aide d'huiles ou de cires naturelles.

Pourquoi ne pas revenir aussi aux terres cuites et aux tomettes brutes traitées avec des huiles naturelles ? Elles résistent bien aux chocs et ne sont pas froides comme le carrelage émaillé.

Très à la mode, la peau de mouton sur laquelle on peut poser bébé. Antiallergène, antibactérienne, elle est traitée naturellement.

Les produits ménagers

« Les produits ménagers, souligne Anne-Corinne Zimmer, comptent parmi les polluants les plus importants de l'air de la maison. Ils contribuent fortement aux concentrations de composés organiques volatils (COV) retrouvés dans les enquêtes de l'Observatoire de la qualité de l'air. »

Lessive, produits vaisselle, pour les vitres, les sols, toute la famille respire ces agents chimiques qui envahissent les placards et polluent l'air intérieur.

Choisissez les produits estampillés « écolabel », biodégradables à près de 100 %, avec un emballage recyclable et rechargeable.

Bannissez les aérosols et autres parfums chimiques au profit des huiles essentielles bio (ne diffusez jamais d'huiles essentielles en présence de bébé). Selon les tests de la revue *Que choisir* en 2004, la plupart des désodorisants d'intérieur chargent l'air en substances chimiques dangereuses, à des seuils très supérieurs à ceux autorisés par diverses législations. Une solution simple, à la portée de tous, et très efficace : aérez dix à quinze minutes deux fois par jour toutes les pièces... En pensant en hiver à baisser le chauffage !

En savoir plus

www.pierre-argile.com

www.etamine-du-lys.com

Le Grand Ménage, un livret de 56 pages avec des recettes écologiques et économiques pour l'entretien de la maison, téléchargeable sur www.raffa.grandmenage.info

Bannissez aussi les produits antibactériens, ils ne servent à rien, n'éliminent qu'une partie des bactéries, et favorisent le développement de bactéries résistantes.

Elles le vivent

« Avec le vinaigre blanc, je lave les vitres et j'essuie avec une lingette en microfibre. D'ailleurs, si elles ne sont pas très sales, je me sers uniquement de la lingette. Le vinaigre blanc ne coûte pas cher et ne pollue pas. Le bicarbonate de soude peut servir à nettoyer les sanitaires, mais je préfère la pierre d'argile qui entretient parfaitement l'émail et l'inox. Elle laisse une mince pellicule qui évite que le calcaire ne se dépose à nouveau trop vite. Pour le reste, liquide vaisselle et nettoyant pour le sol, j'ai choisi la gamme bio « Etamine de Lys », qui est à base d'essences de plantes et sent bon. Pour les meubles et le parquet, il y a la cire d'abeille. Je n'emploie aucun assouplissant pour le linge et avant de le repasser, je l'humidifie, j'attends un peu et c'est prêt. Enfin, dans mon sac à aspirateur, je mets des fleurs de lavande séchées pour que cela sente bon. »

Le savon noir se trouve sous deux formes : liquide ou en pâte. Il est fabriqué à base de potasse, d'eau et d'une huile, souvent de l'huile d'olive. Cependant, on en trouve également à base d'huile de lin ou de palme. Il peut servir de base nettoyante pour toute la maison. Mais attention aux additifs présents dans certaines marques.

Le kit h_2O

Pour s'initier au ménage bio : l'entreprise h_2o a conçu un kit « h_2O Noé » composé de 5 produits 100 % écologiques pour simplifier le ménage. Il est vendu dans toute la France au prix de 29,90 €, dont 1 € est reversé à l'association Noé Conservation (www.noeconservation.com) qui a pour mission de sauvegarder la biodiversité.

Informations au 03 21 02 06 05 ou sur www.h2o.fr

Quelques polluants…

Il s'agit principalement des composés organiques volatils ou COV, une grande famille comprenant entre autres les hydrocarbures et les éthers de glycol que l'on trouve dans les matériaux de construction, de décoration, les produits d'entretien, et aussi les cosmétiques. Autres substances dangereuses, les biocides (pesticides domestiques) qui se trouvent dans les produits ménagers.

Le formaldéhyde est émis dans de nombreux cas : tabagisme, produits de construction et de décoration, détergents pour la vaisselle, désinfectants, produits cosmétiques, désodorisants d'intérieur, etc. De faibles concentrations donnent la migraine, mais c'est surtout un irritant des voies respiratoires. Il a été classé cancérigène par le Centre international de recherche sur le cancer (CIRC) de Lyon.

En savoir plus

www.iarc.fr

C. Baudet, M.-D. Guilhard, E. Mayer, *Les Plantes qui purifient l'air de votre maison*, Anagramme éditions, 2007.

Les plantes dépolluantes

Le principe de la dépollution de l'air par les plantes repose sur l'échange gazeux. Les polluants sont absorbés par les feuilles. Des micro-organismes vivant dans les racines les convertissent en produits organiques qui servent alors à nourrir les plantes. La plante émet ensuite de la vapeur d'eau par un processus nommé transpiration, et améliore ainsi le taux d'humidité et le taux d'oxygène dans la maison. Les plantes les plus efficaces pour dépolluer l'air sont l'*Aloe Vera* et le philodendron, qui éliminent respectivement 90 % et 86 % du formaldéhyde. L'azalée élimine l'ammoniac, le chrysanthème le trichloréthylène, le chlorophytum le monoxyde de carbone, le lierre le benzène, etc. Évitez d'utiliser des insecticides industriels pour les soigner…

Les ondes électromagnétiques

De nos jours, la pollution par les ondes électromagnétiques est une réalité quotidienne. Elle est partout. Ces ondes sont présentes à l'intérieur et à l'extérieur de la maison, produites par les appareils et les outils fonctionnant à l'électricité que nous utilisons quotidiennement[43].

Parmi les plus grands générateurs d'ondes électromagnétiques, on trouve : les fours à micro-ondes, les téléviseurs, certains écrans d'ordinateur, les téléphones portables avec les antennes relais qu'ils impliquent, le wifi, les téléphones sans fil. Mais tous les appareils électriques, ouvre-boîtes, sèche-cheveux, brosses à dents, baladeurs, cafetières, lampes halogènes, radios-réveils, etc. génèrent des champs magnétiques.

Certes, aucune étude fiable ne mesure à l'heure actuelle leur danger. Pourtant, on les soupçonne de plus en plus d'être à l'origine de problèmes du sommeil, de migraines, de favoriser l'hyperactivité des enfants, la fatigue, le stress, les variations d'humeur. L'étude européenne Reflex de 2004 rapporte : « Les champs électromagnétiques générés par les antennes des téléphones portables provoquent indirectement des ruptures dans les brins d'ADN des cellules humaines et animales. Ils vont même jusqu'à perturber la synthèse de certaines protéines. »

Le rapport Bioinitiative[44] met l'accent sur diverses observations, comme l'accroissement des leucémies chez les enfants et des cancers chez les adultes soumis quotidiennement à des champs 20 à 30 fois supérieurs aux doses préconisées par la Commission fédérale sur les communications aux États-Unis (US FCC) et la Commission internationale de protection contre les radiations non ionisantes en Europe (ICNIRP). Or ces doses ne sont, d'après ce groupe de chercheurs, pas éloignées de ce qui existe actuellement au sein de nos habitats...

Une étude épidémiologique récente confirme l'augmentation significative du risque de cancers pour les riverains d'antennes-relais. Elle a été conduite

En savoir plus
www.criirem.org
www.next-up.org
www.robindestoits.org
www.priartem.com

sous la direction du Dr Gerd Oberfeld, médecin de santé environnementale de la ville de Salzbourg. Les recherches ont porté sur une zone de 1200 m autour des émetteurs. Les risques de cancers augmentent dans les 200 m autour des antennes. Les résultats ont été transmis au ministère de la Santé autrichien et seront évalués par un groupe de travail spécialisé. Ceci pourrait déboucher sur de nouvelles normes d'exposition du public aux champs électromagnétiques générés par la téléphonie mobile. On peut espérer alors que les autorités françaises prendront les mesures qui s'imposent.

Nos enfants, petits et grands, sont en permanence concernés par ces ondes. Une étude, réalisée par l'université de Los Angeles (UCLA) et celle d'Aarhus au Danemark, s'est appuyée sur les données concernant plus de 13 000 enfants. Le résultat est inquiétant : les femmes enceintes qui utilisent leur téléphone portable pendant la grossesse voient le risque d'avoir un enfant présentant des troubles du comportement augmenter de 54 %. Le risque augmenterait en fonction de la fréquence d'utilisation et donc de l'exposition aux ondes. Le rapport Bionitiative souligne la sensibilité particulière des bébés et des enfants aux champs électromagnétiques, leur cerveau étant deux fois plus « perméable » que celui d'un adulte.

La seule action à notre disposition est de prévenir au nom du principe de précaution et non de rejeter tous les conforts de la modernité, même si l'on peut aussi réfléchir sur l'utilité de certains appareils de notre quotidien...

Limitez la pollution

Bébé vous accompagne souvent dans tous les actes de la vie quotidienne. Il ne suffit donc pas de faire de sa chambre un nid douillet à l'abri des ondes. Il est nécessaire de vous préoccuper de la totalité de la maison :

- De préférence, n'habitez pas près d'un transformateur ou d'une ligne à haute ou moyenne tension.
- Limitez l'« électrification » de la maison, sachant qu'à chaque nouveau fil qui passe, c'est un champ électromagnétique qui est amené.
- Consultez un spécialiste pour concevoir l'installation électrique d'une habitation neuve ou ancienne.
- Vérifiez ou faites vérifier l'efficacité du système de mise à la terre.
- Débranchez les appareils ménagers lorsqu'ils ne servent pas et utilisez des multiprises munies d'interrupteurs.
- Évitez les fils électriques qui passent derrière la tête de lit et ne dormez pas à côté d'appareils électriques, radios-réveils, radiocassette, etc.
- Évitez les systèmes sans fil : wifi, téléphones DECT et portables. L'ordinateur familial peut très bien conserver sa connexion Internet filaire. Et le portable peut très bien être éteint dans la maison, le téléphone fixe prenant le relais.
- Pour limiter le rayonnement issu des habitations voisines, parlez avec vos voisins d'une éventuelle possibilité d'extinction la nuit et hors utilisation.
- N'utilisez jamais de téléphone portable ou sans fil avec bébé dans les bras.
- Ne regardez pas la télévision avec bébé dans les bras ou alors placez-vous le plus loin possible du téléviseur. Choisissez un téléviseur adapté aux dimensions de la pièce dans laquelle il sera placé.
- Vérifiez ou faites vérifier régulièrement les systèmes de fermeture du four à micro-ondes.

Mesurez la pollution

En savoir plus
www.geobiologie.fr
http://geobiologie49.blogspot.com/

Il est conseillé de prendre contact avec les services municipaux de l'endroit où vous vivez, ils sauront vous orienter vers les organismes concernés.

Si la mesure est élevée, il est utile de procéder à des mesures détaillées. Pour être reconnues officiellement, celles-ci doivent être faites selon un protocole validé par l'ANFR (Agence nationale des fréquences), par un laboratoire accrédité par la Cofrac. Ces mesures détaillées sont payantes (ordre de grandeur : 1000 €), à la charge du particulier demandeur. Les opérateurs (Bouygues, Orange, SFR) acceptent parfois de les assumer. On peut essayer de les contacter au préalable, et chercher à les convaincre.

On peut aussi faire appel à la géobiologie, étude de l'influence de la terre et de son environnement sur la vie des êtres vivants, dans une maison ou un lieu de vie.

Les babyphones

Les babyphones sont des appareils ressemblant à des talkies-walkies. Ils permettent d'entendre l'enfant lorsqu'il est seul dans sa chambre et de savoir ainsi s'il pleure ou se réveille. Le babyphone est placé tout près de la tête de bébé. Il fonctionne par ondes radio, comme les téléphones portables et le Wifi. Une récente étude suisse livre des conclusions rassurantes au sujet de leur utilisation, mais émet des recommandations afin que bébé soit le moins possible exposé aux rayonnements.

Les bonnes pratiques d'utilisation d'un babyphone

- Placez l'interphone bébé à plus de 1 m de son lit.
- Préférez les modèles à pile (pour limiter le champ électromagnétique).
- Raccordez l'interphone bébé, le cas échéant, à une prise de terre.
- Si l'écoute-bébé est connecté *via* un bloc secteur, veillez à ce qu'il soit au moins à 50 cm du lit.
- Choisissez un appareil analogique plutôt que numérique.
- Évitez les modèles wifi.
- Évitez les appareils à surveillance visuelle.
- Choisissez un appareil muni du mode Vox qui se déclenche à la voix et évite l'émission du rayonnement en permanence.

Une maison « amie des bébés »

Qu'est-ce qu'une maison « amie des bébés » (traduction pas très satisfaisante de l'anglais *baby-friendly*) ?

C'est bien sûr une maison où le bébé ne risque pas de devenir asthmatique à cause de la nouvelle peinture qui couvre les murs de sa chambre. Une maison où il est en sécurité, dans tous les sens du terme.

Mais c'est aussi une maison où il est libre de se mouvoir, sans danger pour lui ni pour les objets précieux auxquels on tient.

Un bébé peut commencer à se déplacer à quatre pattes dès 6 mois. Et si vous ne voulez ni l'enfermer dans un parc ni passer votre temps à l'empêcher de toucher tel objet ou s'approcher de tel endroit, le moment est venu de repenser l'aménagement de votre maison.

D'abord, installez hors de sa portée tout ce qui peut être dangereux ou fragile.

Ensuite, pourquoi ne pas créer un environnement à sa mesure, avec notamment des meubles et des objets adaptés à sa taille et conçus pour favoriser son autonomie.

En savoir plus

J. Toulemonde, *Le Quotidien avec mon enfant*, éditions L'Instant présent, 2005.

Un tout-petit est généralement très avide de faire « comme les grands ». Mais notre environnement d'adultes, nos meubles d'adultes, nos outils d'adultes... ne lui permettent pas de faire ses expériences dans la vraie vie, car ils ne sont pas à sa taille. D'où l'intérêt de la démarche montessorienne qui donne plein d'idées faciles à réaliser et des matériels tout simples permettant de donner vraiment sa « place à l'enfant ».

chapitre 10

J'aide mon bébé à communiquer

La première année de sa vie, bébé a surtout besoin d'amour et d'attention. C'est essentiellement l'interaction avec la maman, le papa et tous les autres adultes qui vont lui faire découvrir le monde qui l'entoure.

Lui parler à tout moment du quotidien lui enseignera le langage, l'emmener en promenade, faire des courses, lui faire découvrir de nouveaux endroits, l'exposer à des situations différentes, affinera ses sens. S'il se sent en confiance et en sécurité, toute nouveauté est intéressante pour le bébé, car les développements perceptif, moteur et cognitif sont intimement liés.

Dès la naissance, votre bébé s'exprime de différentes manières : il tète ; il pleure (les pleurs sont un moyen de communication) ; il bouge ; il est sensible aux sons, à la lumière, aux couleurs et aux formes ; il sait vous reconnaître à l'odeur, la senteur du lait le pousse vers le mamelon. Il possède tous les neurones qui vont lui permettre de développer ses connaissances. Pourtant, de nombreuses connexions neuronales restent à mettre en « route ».

Ce développement du cerveau va être favorisé par une nourriture adaptée, de préférence le lait maternel, et la plus grande proximité possible avec son entourage.

Au départ, votre bébé parvient à distinguer les objets situés à portée de ses bras. Il saisit tout ce que l'on met dans ses mains, et réagit aux voix qu'il reconnaît. Il détecte rapidement votre présence par la vue et l'ouïe.

Au cours des deux premiers mois de sa vie, votre enfant commence à contrôler ses bras et ses jambes, et peu à peu, il bouge tout son corps. Le toucher avec les massages sera un moyen de communication très apprécié (voir au chapitre 5). Un mobile coloré placé au-dessus de son lit l'attirera, l'aidera à « mobiliser » sa concentration et à adapter sa vue jour après jour. Un mobile musical stimulera son audition. Un jouet formé de personnages ou d'animaux suspendus, placé juste devant lui, sera un bon exercice de coordination mains-yeux.

À compter de quatre mois, la coordination entre les pensées du bébé et le mouvement de ses mains devient manifeste. Il commence à attraper non plus n'importe quel objet, mais ceux de son choix. Il les transfère d'une main à l'autre et les porte à sa bouche. Alors, des outils de formes diverses, de textures et de couleurs différentes l'aident à progresser.

Après six mois se produisent plusieurs étapes majeures de son développement moteur. Il s'assoit seul, commence à ramper ou à traverser rapidement une pièce, à frapper des mains l'une contre l'autre pour applaudir et peut-être même à marcher. L'apparition de la préhension entre le pouce et l'index, comme une pince, lui donne la possibilité d'essayer de manger tout seul.

Pendant cette période où se développe son indépendance, il est primordial d'aménager un environnement sécuritaire pour lui permettre de bouger et de jouer en toute liberté tout en sachant qu'un adulte n'est pas loin.

Le saviez-vous ?

L'association Bulle de coton, qui fait la promotion des couches lavables, organise depuis deux ans des *Rencontres du maternage* qui permettent aux parents de redécouvrir des pratiques simples, pour aider à développer la relation avec l'enfant dans un contexte volontairement non commercial. www.bulledecoton.org

Il laisse tomber, lance et frappe toutes sortes de choses et se familiarise avec le lien de cause à effet. Il court après ce qui roule. Il imite. Il utilise des ustensiles variés qui ressemblent à ceux du quotidien de la maman. Il apprécie de participer à toutes les activités quotidiennes : cuisine, jardinage, ménage. Pour la maman et le papa, il s'agit alors de multiplier les situations qui donnent au bébé le temps et la liberté de participer.

À lire

C. Petitcolin, *Bien communiquer avec son enfant*, éditions Jouvence, 2003.

S. Dumoutet, *Bébé yogi, le mouvement à l'état de grâce. Comprendre, favoriser, apprendre la gestuelle du bébé*, éditions Robert Jauze, 2006.

La gestuelle des bébés en correspondance avec les principes du yoga. L'auteure est spécialisée en psychologie cognitive.

I. Filliozat, *Au cœur des émotions de l'enfant*, éditions Marabout, 2001.

Ce livre très concret puise dans le quotidien et aide les parents à comprendre la peur, la colère, la joie, la tristesse, et le besoin de l'enfant d'exprimer ces sentiments.

Jouer

Stimuler votre bébé ne consiste pas à lui acheter les jouets les plus récents et les plus performants. Selon le pédopsychiatre Marcel Rufo, le bon jouet «est un jouet simple, peu figuratif et non mécanique. Non mécanique parce que lorsqu'il se répète il perd de l'intérêt. Peu figuratif parce que s'il est trop ressemblant, il entrave le rêve. Et simple précisément pour que l'enfant puisse projeter tout l'imaginaire extrêmement touffu. Un jouet trop parfait, c'est un jouet que l'on va abandonner. Le jouet est d'abord et essentiellement un support imaginaire. Inventer son jouet, c'est en prendre possession».

Dès lors, un maximum d'objets simples peuvent devenir des jouets, des objets détournés en quelque sorte.

Aujourd'hui, presque tous les jouets distribués dans le monde sont fabriqués en Asie, dans des conditions parfois douteuses et sans aucune garantie sur les matières utilisées. Néanmoins, de nombreuses marques proposent désormais des jouets garantis sans phtalates (Playmobil, Lego, etc.).

Doudous bio

On trouve aussi des doudous bio : www.mondebio.com

Certains vont encore plus loin et pensent qu'il est préférable pour les générations futures que les enfants s'amusent avec des articles respectueux de l'Homme et de son environnement : www.jeujouethique.com propose des jeux et des jouets de qualité, respectueux de l'environnement, de la nature et des droits de l'homme.

«112 idées pour jouer sans jouets» : sur ce blog, les mamans ont fait une liste participative dans laquelle on redécouvre toutes les manières de jouer avec son enfant sans jouet : www.jouetbiboudavril.over-blog

Elles le vivent

« Un an, une date importante, une montagne de cadeaux envahissait le salon. Ouvrir tous les paquets prit du temps, et Guillaume se lassa vite du contenu. Les boîtes et les papiers d'emballage par contre le fascinaient. Il a joué avec pendant presque toute la fête... »

Faire des « choses de bébé » ou avec bébé ?

On entend souvent dire chez nous que ce qui compte, avec les enfants, ce n'est pas la quantité de temps que les parents passent avec eux, mais la qualité de ce temps.

Et pour beaucoup, la qualité tient au fait que le parent va jouer avec son bébé ou bambin, va « faire des activités » (sous-entendu des activités spéciales bébé) avec lui.

Mais est-ce vraiment de cela que votre bébé a besoin ?

Dans son livre culte *Le Concept du continuum* (éditions Ambre, 2006), Jean Liedloff remet complètement en cause cette idée.

Parlant des Indiens yequanas avec lesquels elle a vécu, elle écrit : « Il leur arrive certes de câliner leurs bébés, de leur faire "coucou" ou de chanter pour eux. Mais la personne qui s'occupe d'un bébé passe la plus grande partie de son temps à s'occuper... d'autre chose que du bébé ! [...] Les bébés yequanas sont sans cesse au milieu d'activités auxquelles ils participeront plus tard, à mesure qu'ils grandiront. »

Pour elle, « si, tout au long de la journée, on joue avec l'enfant, on lui parle, on l'admire..., on le prive de cette phase dont il a besoin : être spectateur, porté dans les bras. Incapable de dire ce dont il a besoin, il va exprimer son mécontentement. Bien sûr il essaie d'attirer l'attention de la personne qui s'occupe de lui, mais – et c'est là la cause d'un malentendu bien compréhensible – son but est de l'amener à changer d'attitude, à s'occuper de ses affaires avec confiance, sans paraître lui demander sa permission. Dans la mesure où un bambin veut apprendre ce que font les adultes, il veut pouvoir centrer son attention sur un adulte lui-même centré sur ses activités d'adulte ».

Le langage des signes pour bébé

Très tôt, votre bébé communique avec son corps et imite vos gestes, il fait au revoir, bravo, etc. Dans cette période préverbale, les signes permettent de communiquer plus facilement avec lui. La langue des signes aide à établir le contact en donnant à l'enfant les moyens d'exprimer ses envies, ses émotions et ses besoins, bien avant de savoir parler. Nathanaëlle Bouhier-Charles a découvert le concept aux États-Unis et l'a adapté en français, en partenariat avec Monica Companys, formatrice, auteure, éditrice et comédienne, sourde et maman d'enfants entendants ayant appris à « signer » très tôt. Basée sur la langue des signes française (LSF), l'approche est détaillée dans un livre et un DVD.

Elle propose également des ateliers pour parents et des formations pour les professionnels souhaitant transmettre la langue des signes pour bébés aux parents.

En savoir plus

Plus d'infos sur le site Internet : www.signeavecmoi.com

Et aussi **www.signe-bebe.com**

A lire

M. Beyer, *Bébé parle : Comment utiliser le langage des signes pour communiquer avec son bébé*, éditions Courrier du livre, 2007.

Un guide simple et divertissant pour apprendre le langage des signes.

Non violence et respect de l'enfant

De nombreux sites sont consacrés à l'éducation des enfants dans le respect, l'écoute, le dialogue et la non-violence. On y trouve des idées de jeux, d'activités ou de chansons. Les thèmes abordés sont entre autres : comment éduquer dans la non-violence, apprendre le respect aux enfants par le jeu et la lecture, le rôle de la famille dans l'éducation au respect et à la non-violence, s'engager pour la non-violence physique ou verbale envers les enfants, le rôle pédagogique des parents dans la non-violence, la littérature jeunesse en faveur de la non-violence, etc.

En savoir plus

www.eduquer.neuf.fr

www.alterenfance.fr

www.oveo.org

À lire

Le n° 297 de mars-avril 2008 de *Non Violence Actualité*. Un dossier est consacré à l'éducation sans gifles ni fessées, et donne également une large place aux alternatives éducatives. Un numéro instructif pour les parents en recherche de vraies solutions.

www.nonviolence-actualite.org

O. Maurel, *La Fessée, question sur la violence éducative*, préface Alice Miller, éditions La Plage, 2004.

I. Kastan, *Être parent avec son cœur*, éditions Jouvence, 2006.

chapitre 11

Je soigne mon bébé

Notre vie occidentale est médicalisée à outrance, nos bébés n'y échappent pas. Il ne s'agit pas de rejeter la modernité, mais de s'en servir à bon escient et surtout de sortir de la médecine de la peur.

Et aussi de savoir utiliser des approches thérapeutiques qui seront efficaces, sans être inutilement agressives.

Bébé a-t-il besoin d'un pédiatre ?

Sortir de la médecine de la peur

Les circonstances dans lesquelles les parents auront besoin d'un médecin, d'un pédiatre et d'un hôpital sont rares. La maman bio doit s'ouvrir à une autre vision de la santé, à davantage de confiance en elle et de responsabilité personnelle. On devient ainsi des parents autonomes capables de s'écouter et d'écouter bébé, et surtout de ne plus fonctionner dans la peur des maladies, dans la peur de la vie.

« Un enfant en bonne santé n'a pas besoin de pédiatre à plein temps, son vrai médecin c'est sa mère. Une mère que je soutiens en lui prodiguant des conseils », explique la Docteure Françoise Berthoud dans son livre *Mon enfant a-t-il besoin d'un pédiatre ? Petit manuel pour parents autonomes*[45].

Une approche globale de la santé de l'enfant

La réponse médicale allopathique se résume trop souvent à une approche du corps physique. Parfois les réponses sont ailleurs. Elles se trouvent dans une approche holistique qui englobe l'être humain dans sa totalité psychique, physique et relationnelle. Les médecines naturelles sont beaucoup plus proches de cette démarche, elles font confiance à la vie, à l'enfant et à sa capacité de se soigner.

Pour les infections ORL, par exemple, l'homéopathie et la phytothérapie ont largement prouvé leur efficacité, ce qui n'empêchera pas, si le problème persiste, de faire ensuite appel à l'allopathie. Les médecines manuelles, ostéopathie, chiropractie, étiopathie donnent au corps une mobilité et une harmonie qui permettent au bébé de mieux affronter certaines pathologies. Par exemple, une naissance difficile peut expliquer des pleurs du bébé. Un ostéopathe crânien saura sentir les blocages et faire les manipulations nécessaires.

On le sait aussi, en matière de soins aux enfants, il y a des modes. Par exemple, la manière de faire dormir un bébé, sur le dos puis sur le ventre et à nouveau sur le dos... Laurence Pernoud, la célèbre auteure de *J'attends un enfant* et *J'élève mon enfant*, deux ouvrages vendus à des millions d'exemplaires et qui représentent quarante ans de connaissances accumulées, revues et corrigées sur l'enfant, tient le même discours que Françoise Berthoud : « La science est faite de constatations qui permettent de décrire des situations, ensuite la mère trouve en elle-même les meilleures réponses pour son enfant, qui sont alors un mélange de science, d'instinct et d'intuition. Moi, je me contente dans mes ouvrages de lui raconter en détail ce qui se passe à chaque âge, ce qui arrive le plus souvent, après c'est à elle de broder et d'inventer. »

La mini-pharmacie de bord homéopathique de Françoise Berthoud

Françoise Berthoud, pédiatre homéopathe et auteure du livre *Mon enfant a-t-il besoin d'un pédiatre, petit manuel pour parents autonomes*, donne cette mini-pharmacie à titre indicatif tout en soulignant qu'un remède en homéopathie ne se choisit pas en fonction d'un diagnostic, mais sur l'ensemble des symptômes présentés par l'enfant.

Arnica : les chocs, les chutes, les saignements de nez ;

Apis : piqûres d'abeilles, de guêpes, tout ce qui gonfle ;

Cantharis : brûlures, tout ce qui cloque ;

Aconit : rhume ou autres symptômes commençant brusquement (par temps froid surtout) ;

Belladonna : fièvre brusque, rougeur, chaleur, douleur, abcès ;

Nux Vomica : troubles digestifs ou autres avec mal de tête ;

Chamomilla : enfant irritable à cause d'un problème de dents ;

China : diarrhées liquides, donner le remède dans de l'eau et après chaque selle (c'est après la crise que l'organisme recherche l'équilibre, c'est donc ce moment-là qui sera le plus favorable à la prise du remède homéopathique).

On peut y ajouter du sérum physiologique pour nettoyer le nez et les yeux, un soluté de réhydratation que l'on trouve en pharmacie, une crème au calendula, un gel gingival, une pommade à l'arnica. Si vous allaitez, votre lait peut remplacer avantageusement le sérum physiologique, grâce à ses propriétés antibactériennes.

Elles le vivent

Une maman témoigne sur sa pédiatre homéopathe : « Pour la choisir, je me suis fiée à mon instinct et à ce que je ressentais. Je peux lui poser toutes les questions, même les plus simples. Elle y répond toujours avec sérieux et professionnalisme. Il est possible de l'appeler et de régler le problème parfois uniquement par téléphone. Elle me rassure, elle a de l'humour et sait si nécessaire utiliser la médecine conventionnelle. »

L'important pour la maman bio et sans doute le plus délicat, voire le plus difficile, va être de trouver un médecin partenaire qui pratique une médecine de solidarité et de partage, sachant la valoriser et la rassurer dans ses compétences et lui donner confiance en elle. La plupart du temps, une fois la maman rassurée, la santé du bébé s'améliore vite.

Pour « dégoter » le thérapeute partenaire, on fera confiance au bouche à oreille. On se renseignera dans les circuits de médecines douces, associations pour l'allaitement, etc. (voir encadré).

Les pédiatres homéopathes

Il existe un annuaire des pédiatres homéopathes francophones : en France, en Belgique, en Israël, en Italie, au Maroc, en Roumanie, en Suisse, à Tahiti, et en Tunisie.

Vous pouvez vous le procurer en écrivant au :

GPHEF
2, square Henry-Paté
75016 Paris
Tél. : 01 42 88 11 31

Vous pouvez aussi vous le procurer sur le site du Syndicat des médecins homéopathes français (SNMHF), www.snmhf.org.

Bébé et les médecines naturelles

Le maternage et les soins du bébé ne relèvent pas exclusivement de la parole médicale. Après tout, naître et grandir n'est pas une maladie. Grâce à Internet, des milliers de parents dialoguent, partagent leurs expériences dans les forums et échangent des informations. Résultat, un air frais de naturel souffle sur la vie des enfants. Face aux petits maux de leur bébé, les mamans y réfléchissent à deux fois avant d'utiliser l'« artillerie lourde » de l'allopathie et se tournent vers des médecines douces et des soins plus naturels. Aucun passéisme, juste le besoin d'une modernité plus écologique.

L'homéopathie

Elle est la médecine douce préférée de la maman bio, son utilisation ne présente aucun danger. Elle est douce car ses remèdes sont dilués et ne présentent aucune toxicité. Certains même, comme Chamomilla contre les douleurs dentaires ou Arnica contre les bleus et les bosses, sont devenus tellement communs que des pédiatres allopathes les prescrivent.

À lire

J. P. Novak, J. Nguyen Tan Hon, *Homéopratique du bébé et de l'enfant*, éditions Jouvence, 2006.

Cette médecine repose sur le principe de similitude. Exemple, le médicament Apis est imprégné de venin d'abeille dilué, ces granules soulagent d'une piqûre d'abeille. L'homéopathie prend aussi en compte le terrain de la personne, c'est-à-dire sa sensibilité particulière. Le médecin homéopathe établit une sorte de profil qui l'aide à mieux choisir le remède. Ensuite, à partir d'un ensemble de symptômes en corrélation avec le terrain, il cherche le médicament homéopathique adéquat (plante, minéral ou animal).

Les hautes dilutions (15 CH, 30 CH et plus) sont prescrites pour agir à long terme sur des symptômes comportementaux : peurs, émotivité, agressivité. Les basses dilutions (4 CH à 15 CH) agissent en trois ou quatre jours, sur des symptômes locaux : nez qui coule, poussée dentaire.

Elles le vivent

« De formation scientifique et mariée à un chercheur, je n'hésite pas à utiliser l'homéopathie avec mes enfants. Les sarcasmes de mon époux me laissent totalement indifférente, car l'essentiel pour moi, c'est que cela marche... Pour mon petit garçon en particulier, qui avait énormément de mal à se concentrer à l'école, le traitement prescrit par l'homéopathe a été très bénéfique. Effet placebo peut-être, ce qui compte, c'est le résultat... »

Les indications de l'homéopathie sont nombreuses : les problèmes ORL bien sûr, les rhinopharyngites, les otites, etc. Les problèmes digestifs, coliques, régurgitations, mais aussi les problèmes de sommeil ou d'appétit, et certaines pathologies plus invalidantes, comme l'eczéma, réagissent aussi très bien à l'homéopathie.

Pour le choix d'un thérapeute

Syndicat national des médecins homéopathes, 79, rue de Tocqueville 75017 Paris. Tél. : 01 44 29 01 31.

www.snmhf.org

Elles le vivent

« Pour donner des granules homéopathiques à un bébé, il suffit de les laisser fondre dans l'eau et ensuite de les lui faire avaler au biberon, à la tasse ou encore dans une petite cuillère. »

Quelques exemples de traitements

Le hoquet

C'est une manifestation banale chez le bébé, due à la contraction spasmodique du diaphragme au contact de l'estomac dilaté. Il se calme sans problème à l'aide de l'homéopathie. S'il devient gênant et semble douloureux pour l'enfant, on peut essayer Argentum Nitricum 4CH, 1 granule 2 à 4 fois par jour.

Les coliques du nourrisson

Elles sont fréquentes surtout pendant les trois ou quatre premiers mois. Juste après avoir mangé, le bébé s'agite et pleure, son ventre est dur, il a des renvois et des gaz. L'origine des coliques reste mystérieuse. Parfois, c'est tout simplement parce qu'il a mangé trop vite ou, lorsque sa maman l'allaite, parce qu'elle a absorbé quelque chose qu'il ne supporte pas. Aujourd'hui, on connaît l'importance de la muqueuse intestinale et il pourrait s'agir de sa maturation, un peu comme lorsque l'on grandit et que l'on a « mal aux os ». Les premiers remèdes consistent en des gestes simples : prendre et porter l'enfant dans ses bras, lui masser doucement le ventre, le bercer, lui poser une bouillotte tiède sur le ventre, le tenir bien au chaud ; si la maman allaite, elle peut prendre une infusion apaisante, à la camomille par exemple. En homéopathie, on peut donner au bébé pendant trois jours Lycopodium 5 CH, 5 granules matin et soir, et Colocynthis 5 CH, 5 granules deux fois dans la journée. Au-delà, il est prudent de consulter un médecin homéopathe qui vérifiera s'il n'y a pas de problème particulier et prescrira si besoin est un traitement.

La phytothérapie

Longtemps les femmes ont soigné leur entourage et en particulier leurs enfants à l'aide de plantes, mais la médicalisation de la vie a dévalorisé ces pratiques. Aujourd'hui, certaines mamans cherchent à nouveau à acquérir ces connaissances afin de renouer avec une certaine autonomie dans les soins aux bébés qui ne relèvent pas de la médecine. Il ne s'agit pas de recettes, mais d'un véritable savoir qui permet à la maman bio de reprendre le contrôle des soins de base de l'enfant.

Pour s'initier

Le site www.plantes-sante.net propose des formations par Internet pour l'utilisation des plantes à usage familial.

Les antiseptiques végétaux

Pour tout ce qui concerne les infections ORL, les médecins homéopathes soulignent l'intérêt des antiseptiques végétaux : à base de niaouli, comme le Goménol en sirop ou en suppositoires, à base de sapin comme Ozothine en sirop ou en suppositoires, à base d'eucalyptus comme Eucalyptine Lebrun en suppositoires pour le nourrisson, ou encore de camphre comme Campho-pneumine en suppositoires pour le nourrisson.

En savoir plus

www.vidaldelafamille.com

L'aromathérapie

En savoir plus

www.viearome.com

Nelly Grosjean, spécialiste en aromathérapie, nous en donne sa conception : « Méthode de santé holistique agissant en prévention autant qu'en soin, l'aromathérapie nous fait bénéficier des vertus des huiles essentielles.» Les huiles essentielles doivent s'utiliser chez l'enfant et chez le bébé avec une grande prudence. «Seules les huiles essentielles d'orange, d'eucalyptus ou de lavande s'utilisent pour les diffuseurs des chambres d'enfants de moins de 3 ans (cinq minutes par heure). Les bains pour nourrissons se font uniquement avec l'hydrosol de lavande pour calmer et relaxer.»

En savoir plus
www.cosbio.com

Les produits du Docteur Valnet

Le Dr Valnet a mis au point plusieurs préparations aux huiles essentielles qui apportent une solution naturelle à de nombreux petits maux. «Faciles à utiliser, ces préparations ne sont pas des médicaments, mais des produits à usage familial à conserver précieusement dans son armoire à pharmacie ou sa trousse de voyage.»

Les élixirs floraux

En savoir plus
www.fleursdebach.fr
www.lab-deva.com

Ils rééquilibrent l'état émotionnel. Les Fleurs de Bach Original furent créées par le Dr Edward Bach, un médecin de Harley Street en Angleterre, à la fois chercheur et bactériologiste renommé. Il était convaincu que l'état d'esprit joue un rôle important dans le maintien d'une bonne santé et le rétablissement à la suite d'une maladie. Il identifia 38 états émotionnels négatifs et créa une essence à base de fleurs ou de plantes pour chacun d'entre eux.

Chez le nouveau-né, les élixirs floraux traitent tous les états de tension qui se manifestent par des crises de pleurs, de vomissements et de régurgitations. Plus tard, chez le nourrisson et l'enfant, ils accompagneront certaines pathologies à répétition, comme les rhinopharyngites par exemple.

On peut donner les élixirs floraux aux bébés de plusieurs façons, en plaçant quelques gouttes sur le haut de la tête, ou en les mélangeant à l'eau du bain. Si la maman allaite, elle peut prendre elle-même l'élixir, sinon en mettre une ou deux gouttes dans le biberon.

La médecine traditionnelle chinoise

À lire

M. Frey, *Faites un bébé zen avec la médecine chinoise*, éditions Médicis, 2004.

Ce livre propose aux femmes les ressources de la MTC, médecine chinoise traditionnelle, principalement l'acupuncture, avant, pendant et après la naissance de leur bébé. De nombreux conseils pour vivre la grossesse mais également des conseils pour bien vivre les mois qui suivent l'accouchement (allaitement, comment retrouver la ligne...). Enfin, le dernier chapitre présente les bienfaits du massage chinois sur les bébés.

Pour atténuer les maux de dents, il y a l'homéopathie, le bâton de racine de guimauve que l'on trouve en pharmacie, le gel gingival, mais aussi le collier d'ambre. Cette dernière aurait des propriétés calmantes.

En savoir plus

S. Preney, *J'élève et je soigne mon enfant avec les méthodes naturelles*, éditions Sully, 2008. Suzanne Preney est pédiatre, homéopathe, présidente de l'association Kousmine. Ce livre propose une démarche intéressante qui allie méthodes naturelles et méthode Kousmine.

www.kousmine.fr

Bébé et les médecines manuelles

Les thérapies par le toucher

Le corps garde la mémoire des difficultés rencontrées, qu'elles soient d'ordre physique ou psychique. Les médecines manuelles, l'ostéopathie, la chiropratique, l'étiopathie et la petite dernière, la biokinergie abordent le corps dans sa globalité, à la recherche de son équilibre. Elles visent aussi à essayer d'effacer les traumatismes (chutes, maladies, etc.) et à reconstruire. Leur action est à la fois préventive, en donnant au corps une meilleure mobilité, et curative.

Au moment de l'accouchement, lors de la progression vers la sortie, bébé subit d'importantes contraintes. Parfois, le chemin est long et difficile (forceps et ventouses). Ces fortes tensions agissent sur la colonne vertébrale, les os du crâne, et peuvent être à l'origine de perturbations fonctionnelles. Des déséquilibres osseux ou membraneux peuvent apparaître. Dans la première année de son existence, bébé ne perd pas son temps et les changements sont très rapides : vers 3 mois, il redresse la tête (son périmètre crânien va grandir de 12 cm dont 6 dans les trois premiers mois), aux alentours de 6 mois, il s'exerce à la position assise, vers 10 mois, il est debout et ne va pas tarder à marcher. Chacune de ces étapes peut générer des troubles de la statique, et les médecines manuelles sont des outils précieux pour accompagner le développement de bébé.

L'ostéopathie

D'après l'Union fédérale des ostéopathes de France, « il serait souhaitable que l'examen ostéopathique du nourrisson soit systématique au cours des douze premières semaines de la vie ».

Ils recommandent de recourir à l'ostéopathie dans un certain nombre de cas liés aux circonstances de l'accouchement :

- lors d'un accouchement sous péridurale ;
- lorsque la naissance a duré longtemps (plus de huit heures) ou a été très rapide (moins de deux heures) ;
- lors d'une naissance gémellaire ;
- lorsque le bébé s'est présenté par le siège, le front ou la face ;
- quand on a tiré trop fort sur la tête ;
- quand le cordon s'est enroulé autour du cou ;
- si on a appuyé sur le ventre de la maman pour faciliter l'expulsion ;
- en cas de césarienne en urgence, de souffrance fœtale, de réanimation.

Et dans un certain nombre de cas pour les maux du nourrisson :

- si le bébé dort mal, régurgite, pleure beaucoup, digère mal et s'agite après la tétée ;
- s'il a une mauvaise position de la hanche, des pieds ;
- s'il met toujours un bras en arrière, tourne toujours la tête et dort toujours du même côté ;
- s'il a des otites, des bronchites à répétition, une respiration bruyante.

La chiropratique

Même s'ils emploient des techniques différentes, chiropraticiens et ostéopathes se rejoignent dans une même vision globale du corps. Ils commencent par l'examen de l'axe crânio-sacré, c'est-à-dire de l'ensemble de la colonne vertébrale, pour vérifier si des problèmes de colonne n'affectent pas l'équilibre de la tête. Si un problème existe au niveau de cet axe, ils le traitent en premier. Ils vérifient ensuite si la mobilité au niveau des os du crâne est bonne, car ces derniers ainsi que ceux de la face bougent. Outre cette action au niveau mécanique, les deux disciplines emploient des techniques de drainage au niveau externe comme au niveau interne (intrabuccal), qui visent à décongestionner l'arrière-gorge dans les cas d'angine, ou la trompe d'Eustache dans les cas d'otites.

Bonnes adresses

Union fédérale des ostéopathes de France,
13, rue des Trois-Capitaines, 26400 Crest.
Tél. : 04 75 25 79 04.
Annuaire des professionnels :
www.osteofrance.org
www.osteopahie-perinatale-pediatrique.com
Association française de chiropratique,
24, rue de Monttessuy, 75007 Paris.
Tél. : 01 45 55 24 18.
Annuaire des professionnels :
www.chiropratique.org

L'étiopathie

La thérapie est proche des autres médecines manuelles, mais son rapport à la pathologie, son diagnostic et ses choix thérapeutiques différent.

Sites utiles

www.etiopathie.com
www.femininbio.com/sante-et-forme/medecines-douces/decouvrir-l-etiopathie.html

La biokinergie

«C'est une synthèse de l'ostéopathie et de l'énergétique chinoise», explique son fondateur Michel Lidoreau, kinésithérapeute. Elle améliore les troubles fonctionnels de l'enfant, les régurgitations du nourrisson, la constipation, les problèmes d'otites et les troubles du sommeil.

En savoir plus
www.biokinergie.com

Elles le vivent

«Étienne, mon fils, souffrait de régurgitations à répétition depuis l'arrêt de l'allaitement. Je culpabilisais énormément de l'avoir sevré à 3 mois pour reprendre mon travail. Mais là, je me sentais de plus en plus mal. Changement de lait, attention de toutes sortes, rien n'y faisait. Un jour, au square en face de chez moi, j'en parlais avec une autre maman et elle m'a conseillé de voir son ostéopathe qui n'était pas loin, à deux rues... En deux séances (50 € chacune), il a libéré le diaphragme trop tendu d'Étienne qui entravait le passage du lait dans l'estomac.»

Astuce

Le meilleur praticien n'est pas toujours celui dont on parle, mais cela aide bien... Pour le trouver, on peut certes aller sur les sites cités plus haut, mais aussi se renseigner dans le magasin bio de son quartier. Le bouche à oreille est souvent pertinent.

Bébé et les vaccins

Vacciner bébé, en toute connaissance de cause et en toute sécurité

Dans la mesure où aucun acte médical n'est anodin, il est légitime de s'interroger sur les vaccinations et de réfléchir à la fois aux avantages et aux inconvénients en pesant bien les risques et les bénéfices attendus.

Le premier bénéfice est bien évidemment d'éviter des maladies. L'inconvénient principal est l'excès de stimulations artificielles répétées du système immunitaire, potentiellement dangereux pour la santé et à l'origine de problèmes allergiques voire de maladies auto-immunes. Sans oublier des effets secondaires rares parfois graves et mal connus, et trop souvent minimisés par le corps médical français. Il est important de s'informer sur les vaccinations tout en sachant à l'avance que le sujet est polémique et que la guerre entre les pour et les contre ne favorise pas une information objective. Pourtant, depuis le scandale de la vaccination contre l'hépatite B et les questions sur un lien possible entre le ROR et l'autisme, certains parents exigent davantage d'informations[46] et demandent à réfléchir davantage, en particulier dans les milieux « bio ».

En France, le seul vaccin réellement obligatoire est le DTPolio qui protège l'enfant contre la diphtérie, le tétanos et la poliomyélite. On choisira de préférence le DTPolio Aventis-Pasteur qui ne contient pas d'aluminium lequel est soupçonné d'être à l'origine d'accidents allergiques et de l'apparition d'une nouvelle maladie, la myofasciite à macrophages[47]. La maman bio doit bien lire les notices afin de repérer la présence d'aluminium. Il faut savoir qu'il est parfois difficile de se procurer ce vaccin simple, car les laboratoires proposent souvent aux officines des vaccins combinés. Le DTP peut être associé au vaccin contre l'*Haemophilus* b, une bactérie à l'origine d'otites ou de méningite par exemple (PENTACOQ-DT-COQ-POLIO). Dans les deux cas, il s'agit de trois injections (piqûres) qui sont pratiquées en général à l'âge de 2 mois, 3 mois et 4 mois, avec un rappel dix-huit mois plus tard. Depuis juillet 2007, le BCG contre la tuberculose n'est plus obligatoire. Il reste toutefois officiellement recommandé dans certaines situations, en Ile-de-France par exemple où l'on assiste à une recrudescence de la tuberculose dans les milieux défavorisés.

D'autres vaccins non obligatoires sont très fortement conseillés aux parents par les médecins : contre la méningite à pneumocoque, les diarrhées à rotavirus pour les bébés en collectivité, contre l'hépatite B avec une première injection vers 4 mois, la raison avancée pour ce dernier étant que le vaccin est plus efficace s'il a été effectué tôt, et enfin contre la rougeole, les oreillons et la rubéole (ROR) vers 9 mois si l'enfant va en structure collective. Ces pathologies ne sont pas toutes dangereuses, en particulier la rubéole qui ne l'est que lorsqu'elle survient chez une femme enceinte et dont le vaccin devrait sans doute être réservé aux filles. Idem pour les oreillons, une maladie problémati-

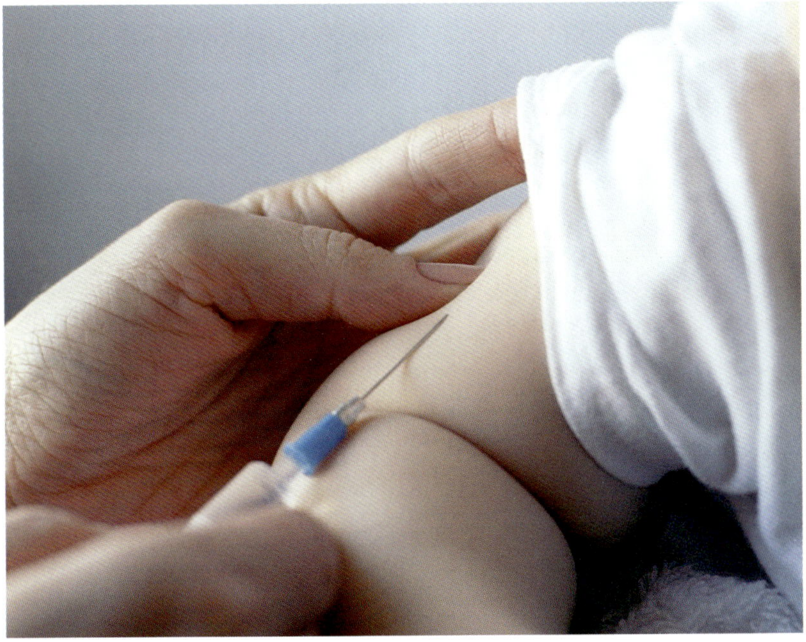

que pour les garçons lorsqu'elle s'accompagne d'une orchite, une inflammation d'un testicule avec un risque de stérilité. La rougeole pose un réel problème, mais il faut savoir que c'est surtout à l'adolescence ou à l'âge adulte que les complications sont les plus graves, un âge où souvent le vaccin ne protège plus. Quant à l'hépatite B, elle ne concerne pas vraiment le nourrisson, et les doutes actuels sur ses effets secondaires permettent de le refuser.

Les contre-indications générales (listées dans le Vidal, la bible des médecins) sont la fièvre, une maladie infectieuse en cours d'évolution, un diabète non stabilisé, et des pathologies évolutives chroniques comme l'eczéma par exemple. Ensuite viennent les allergies à l'un des constituants du vaccin : protéines de l'œuf dans le vaccin contre les oreillons et la rougeole, antibiotiques comme la néomycine par exemple, présence d'antiseptiques comme le formaldéhyde. Aujourd'hui, on sait aussi que le vaccin contre l'hépatite B est fortement déconseillé aux sujets ayant des antécédents familiaux de sclérose en plaques ou de maladie auto-immune.

En France, les enfants doivent être vaccinés avant 18 mois. Il n'est pas nécessaire de se précipiter et de suivre le calendrier vaccinal. Il est possible de les retarder afin de laisser l'immunité naturelle de son bébé se construire en douceur.

En savoir plus

Groupe médical de réflexion sur les vaccins (Suisse Romande), *Qui aime bien vaccine peu*, éditions Jouvence, 2007.
Le Guide des vaccinations, éditions INPES, 2006.
http://www.sante.gouv.fr

On peut aussi stimuler son immunité pendant les vaccinations à l'aide de l'homéopathie et de la naturopathie, et pratiquer des traitements post-vaccinaux. Par exemple, après le ROR, donner à son enfant : Thuya 9 CH le lendemain, Morbillinum 15 CH huit jours après, Tuberculinum 15 CH quatorze jours après. Un pédiatre ou un médecin homéopathe saura utilement conseiller les parents.

Ensuite, si l'on fait le choix de ne pas vacciner son enfant, c'est une autre histoire. On pourra chercher à obtenir un certificat de contre-indications prévues par la loi. Et l'on se préparera à un véritable parcours du combattant...

Soulager la douleur des bébés

Jusqu'à il n'y a pas si longtemps, on ne se préoccupait guère de soulager la douleur des bébés malades, blessés, opérés sans aucune anesthésie... Mieux, par ignorance, on la niait.

En fait, on sait aujourd'hui que les bébés ressentent la douleur, peut-être même plus qu'un adulte ou qu'un grand enfant. Ils possèdent toutes les connexions nerveuses pour l'éprouver mais pas encore les moyens de s'en défendre.

Il est donc important d'être vigilant, et de la prévenir ou de la soulager dans toute la mesure du possible. On en a les moyens, médicaments (y compris la morphine en cas de besoin) ou traitements non médicamenteux, dont l'efficacité est prouvée : succion d'une sucette, solution sucrée, contact peau à peau, tétée au sein...

Si vous allaitez votre bébé, donner une tétée pendant certains soins ou examens douloureux (prise de sang, piqûre, vaccin, pansement, etc.) limite réellement la douleur, plusieurs études l'attestent. Par exemple, dans une étude faite à l'hôpital de Poissy/Saint-Germain sur des nouveau-nés subissant une prise de sang, ceux qui étaient au sein à ce moment-là manifestaient une douleur estimée à 1 sur l'échelle « Douleur aiguë du nouveau-né », contre 10 (la plus forte douleur selon cette échelle) pour ceux à qui on s'était contenté de donner de l'eau.

Si vous n'allaitez pas ou plus, pensez au patch EMLA, à la sucette, à l'eau sucrée.

À l'hôpital, renseignez-vous sur les protocoles antidouleur et veillez à leur application. Et n'oubliez pas l'importance de votre présence aimante aux côtés de votre enfant. Encore trop d'hôpitaux préfèrent éloigner les parents en cas de soins douloureux ; il vous faudra peut-être insister pour rester avec lui. Soyez-en sûrs : vous êtes les mieux placés pour rassurer votre petit, c'est vous qui le connaissez le mieux et votre présence est son meilleur soutien.

En savoir plus

Toutes les brochures de l'association Sparadrap et notamment *Soins et examens douloureux : comment aider votre bébé ?*

Sparadrap
48, rue de la Plaine
75020 Paris
Tel : 01 43 48 11 80
www.sparadrap.org

chapitre 12

Je fais garder mon bébé

Selon les témoignages des parents, il n'existe pas de mode de garde idéal. Jusqu'à au moins 6 mois, un bébé devrait pouvoir rester avec sa maman. Pour celles qui n'ont pas le choix et doivent impérativement reprendre le travail, le moment de cette reprise est toujours difficile.

Les crèches

Les crèches collectives

Elles sont gérées par les mairies ou les départements. L'enfant est accueilli au sein d'une structure avec des enfants de son âge. Il est pris en charge par des puéricultrices, des éducatrices de jeunes enfants, des auxiliaires de puériculture, du personnel de service, un pédiatre et un psychologue.

Les crèches parentales

Elles sont gérées par une association de parents aidés par des professionnels de la petite enfance rémunérés par l'association. Plus d'un millier de crèches parentales existent en France, totalement gérées par les familles. Ce mode de fonctionnement permet aux parents de participer activement à la vie de la crèche et d'accompagner le développement de leur enfant. En général, elles sont l'aboutissement de l'action d'une poignée de parents motivés qui peuvent, même s'il y a des règles et des normes à respecter, y expérimenter toutes les idées nouvelles comme les couches lavables, la nourriture bio, les équipements et les jouets sans danger, etc.

Comment les trouver ?

Pour connaître les crèches parentales proches de chez vous, il est possible de consulter les pages jaunes, de questionner le service petite enfance de la mairie, ou encore de contacter l'ACEPP, l'Association des collectifs enfants parents professionnels, qui rassemble les crèches parentales sur toute la France (15, rue du Charolais, 75012 Paris, 01 44 73 85 20, www.acepp.fr).

Les crèches bio

La crèche bio a le vent en poupe. Murs de paille et de bois, alimentation bio préparée dans des fours à vapeur, peintures écologiques, principes de construction bioclimatiques... Ces structures apparaissent dans toute la France. Dans le Nord-Pas-de-Calais, la société « 1, 2, 3 Soleil » a mis au point un nouveau concept d'hébergement 100 % naturel pour les enfants, qu'elle vend aux entreprises. Les bâtiments sont certifiés Haute Qualité Environnementale. Cela signifie que l'entreprise intègre à ses constructions et aux différents aménagements les principes du développement durable[48].

Pour la construction, « 1, 2 3, Soleil » est associé à Kasa Bio, une société spécialisée dans la conception et la réalisation de bâtiments écologiques et bioclimatiques. Concrètement, les bâtiments sont conçus pour diviser par dix la consommation d'énergie « moyenne » d'une structure traditionnelle. Les locaux sont construits en ossature bois avec une isolation végétale, des fenêtres à triple vitrage.

L'implication environnementale se manifeste aussi dans le choix d'énergies vertes, l'alimentation des bambins – avec des aliments issus de l'agriculture biologique et cuisinés selon un processus sanitaire drastique –, une literie et un mobilier respectueux de l'environnement et de la santé des enfants (matelas en coton bio), la mise en place de solutions écologiques pour limiter l'impact du change, polluant du fait de ses composants : les couches lavables sont en expérimentation. Enfin, un partenaire bioécologique entretient les locaux : l'environnement de l'enfant est parfaitement sain.

Elles le vivent

« La crèche de Jane n'était pas bio au départ, mais de fil en aiguille, une grande partie des repas sont désormais bio, et en plus les couches lavables sont acceptées. »

Trois structures sont déjà ouvertes, à Lesquin, La Madeleine et Villeneuve d'Ascq, d'autres sont en cours.

Ces crèches sont des crèches d'entreprises proches du lieu de travail. Cette proximité diminue le stress des parents et la maman peut venir allaiter le midi.

La crèche bio de Paris

La crèche Hérold, dans le 19e arrondissement de Paris, répond entièrement aux normes HQE. Elle a été inaugurée en mars 2007. Ce projet a été choisi comme un site d'expérimentation : 60 m² de capteurs solaires assurent 40 % des besoins en eau chaude.

La crèche familiale

L'enfant est accueilli tous les jours de la semaine, seul ou avec un ou deux camarades, au domicile d'une assistante maternelle agréée, recrutée et rémunérée par la ville. Des temps de vie et d'activités avec d'autres enfants sont aménagés au jardin d'enfants de la crèche et en halte-garderie.

L'assistante maternelle agréée

La personne garde les enfants chez elle.

En savoir plus
www.assistante-maternelle.org

Si vous allaitez

Comme on l'a vu au chapitre 2, il est tout à fait possible de poursuivre l'allaitement après la reprise du travail.

S'il s'agit simplement de continuer à donner le sein au bébé quand vous êtes avec lui, en-dehors des heures de travail, nul besoin d'en parler aux personnes qui vont le garder.

Si en revanche, vous souhaitez pouvoir l'allaiter sur place (en le déposant, en allant le rechercher, voire en cours de journée) et/ou qu'on lui donne le lait que vous aurez tiré pour lui, il sera nécessaire d'en parler au préalable et de vous mettre d'accord.

Une assistante maternelle peut par exemple être réticente au fait que la mère donne à téter chez elle, le ressentant comme une intrusion dans son intimité.

D'autres mères se voient refuser par certaines crèches d'apporter le lait qu'elles ont tiré au travail ou chez elles, sous prétexte que le règlement sanitaire de la crèche stipule qu'aucun aliment extérieur ne peut être stocké dans l'établissement...

Il faut donc parfois longuement argumenter, rassurer (c'est souvent la peur qui crée des problèmes, surtout si la personne n'a encore jamais gardé de bébé toujours allaité), informer (comment gérer le lait maternel, le conserver, le donner à l'enfant), voire parfois vous résoudre à chercher un autre mode de garde si vous vous heurtez à un mur impossible à fissurer.

Elles le vivent

« J'ai eu la chance de pouvoir allaiter Tom chez l'assistante maternelle, en arrivant chez elle en fin de journée, jusqu'à ce qu'il ait 11 mois. Mais à cet âge, elle m'a dit qu'elle ne souhaitait plus que je le fasse parce que ça gênait les gens qui voulaient venir chez elle et n'osaient plus parce que "à 5 heures, il y a la dame qui donne le sein". Par contre, pour mon deuxième enfant, né en 2005, j'ai pu, chez une autre assistante maternelle, aller l'allaiter tous les midis (trois jours par semaine) jusqu'à ses 18 mois, en ayant à ma disposition une chambre (avec fauteuil !) pendant une petite heure (ainsi, les gens qui venaient chez elle ne pouvaient pas me voir !). »

chapitre 13

Je m'occupe aussi de moi

Parfois, le moral de la maman n'est pas au beau fixe. Elle a mal au dos, aux fesses, dans le ventre, aux seins. Elle ressent comme une impression de vide et de solitude. Elle est fatiguée... Elle rêve alors en secret d'être prise en charge, dorlotée, conseillée.

C'est le moment de s'occuper aussi de soi !

Bien dans votre corps

En savoir plus
www.bernadettedegasquet.com

Bébé est arrivé. Il va bien. Il est l'objet de toutes les attentions, de la maman, des autres membres de la famille, des professionnels de santé. En revanche, la maman est comme mise entre parenthèses. « C'est comme si le corps maternel, qui pourtant vient de fournir tant d'efforts, passait au second plan, regrette Bernadette de Gasquet, médecin et professeure de yoga spécialisée dans l'accompagnement des futures mamans et accouchées[49]. Dans notre société, la femme enceinte, le bébé et le père sont valorisés. Les suites de couches n'intéressent pas grand monde. Or, cette période post-partum de six semaines est un temps fondamental. » Une sorte de transition qui va permettre à la maman de naître à elle-même, de retrouver ses forces pour devenir mère.

Retrouvez votre corps

Remonter les organes et refermer le bassin. Le plus tôt est le mieux, mais cela peut aussi intervenir plus tard. L'exercice de choix est la « fausse inspiration thoracique ». On peut trouver cet exercice et beaucoup d'autres, le tout accompagné de nombreux conseils, dans l'ouvrage de Bernadette de Gasquet : *Baby sans blues, Guide pratique pour retrouver la forme après bébé*, Robert Jauze, 2005.

«Après l'accouchement, les femmes sont obnubilées par le bébé. Elles ne s'écoutent plus, insiste Bernadette de Gasquet, toutes leurs pensées tournent autour de l'enfant. La première question à leur poser est : «Et vous ? Comment allez-vous ?». Face au vide de nos pratiques, Bernadette puise des attitudes dans les coutumes simples mises en place par les sociétés traditionnelles, et aide ainsi les jeunes mères dans leurs premiers pas de maman. «D'abord, elles doivent se reposer. Vivre couchée le plus possible afin de lutter contre la pesanteur. On peut faire beaucoup de choses

En savoir plus sur la césarienne

www.cesarine.org

Césarine est une association d'usagères, dont le but est de fournir une information claire, documentée et objective sur la césarienne, des témoignages et du soutien de mère à mère.

allongée sur un lit avec son bébé. Ne pas jouer à la "super maman" et se faire aider : faire livrer ses courses par exemple. Éviter de porter des charges lourdes. Faire des pauses. Et surtout, apprendre à bien respirer en associant le périnée pour tous les efforts quotidiens. Je propose des exercices très faciles à mettre en œuvre pour lutter contre la pesanteur et les pressions abdominales, remettre les organes en place, drainer les tissus, renforcer les muscles et se relaxer. Je les informe immédiatement de comment on s'assoit après une césarienne, après une épisiotomie. »

En savoir plus
www.episiotomie.info/

Il n'est pas nécessaire d'attendre. Certains exercices se pratiquent avant même de poser le pied sur le sol après l'accouchement. Les exercices proposés ne dissocient pas la mère de l'enfant. Il existe de multiples astuces pour travailler avec bébé au sein.

Bernadette de Gasquet donne à Paris un cours de yoga auquel les mamans peuvent venir avec le bébé. On travaille, on discute aussi beaucoup. Il n'y a pas de contraintes ni d'abonnement. « Au début, les mamans viennent avec le bébé, et puis un beau jour, en général vers deux mois après la naissance, elles viennent seules. Les exercices sont adaptés en fonction de leurs besoins, mal au dos, aux fesses, etc. Il y a toujours des exercices qui concernent le périnée. On fait tout de suite des "abdos" mais pas dans l'effort, précise Bernadette, et toujours dans l'"expir". On s'occupe du périnée mais pris dans la globalité du corps. »

Elles le vivent

« Après mon « épisio », j'avais du mal à aller aux toilettes. Pour éviter l'impression de picotement et de brûlure, j'urinais sous la douche. »

L'épisiotomie

Il s'agit d'une incision du périnée pratiquée lors de l'accouchement. Les conséquences de cette pratique sont souvent désastreuses, physiquement et psychologiquement, pour de nombreuses femmes. Beaucoup se battent pour dénoncer cet acte mutilant, souvent injustifié, souvent effectué par routine et pour le confort des professionnels de santé.

Voici quelques conseils pratiques qui vous aideront à atténuer la douleur et accélérer la cicatrisation :

– Après une épisiotomie, il importe de toujours vous essuyer de l'avant vers l'arrière, et de retirer également les garnitures vers l'arrière.

– Vous pouvez tamponner avec de l'agile verte surfine en poudre la cicatrice et laisser sécher. Remettez-en après chaque lavage.

– En homéopathie, vous pouvez prendre Arnica 9 CH (pour la douleur), et Staphysagria 9 CH (pour la cicatrisation).

– Essayez de laisser la cicatrice à l'air au moins une heure par jour.

La rééducation périnéale

Le périnée est l'ensemble de muscles, de ligaments et de membranes très fermes qui forment un véritable plancher, une sorte de « filet » qui soutient la vessie, le vagin et le rectum. Peu de femmes ont conscience de son importance, elles le découvrent souvent lorsqu'elles sont enceintes. « La sensibilité du périnée est plus intense après l'accouchement, souligne Bernadette de Gasquet. Les femmes le sentent mieux qu'avant même s'il est moins dur. »

En France, la rééducation périnéale a souvent comme unique objectif de guérir l'incontinence urinaire, d'éviter un futur prolapsus (ce que nos grand-mères appelaient « descente d'organes »), bref de prévenir la survenue de toutes sortes de pathologies à plus ou moins long terme. « La peur de l'incontinence n'est pas la meilleure des motivations, précise Bernadette de Gasquet. Dans le post-partum, cette rééducation réalisée par une sage-femme ou un kinésithérapeute doit laisser la place à une prise en charge plus globale du corps.

Ensuite, c'est à la maman de choisir soit la rééducation manuelle soit celle à l'aide d'une sonde.»

En effet, la rééducation est personnalisée, et cette gymnastique fait parfois découvrir aux femmes des ressources insoupçonnées. En favorisant leur maîtrise du vagin, elle améliore leur sexualité.

Kinésithérapeute ou sage-femme apprend à commander les muscles du périnée afin de les renforcer et de les tonifier. L'objectif est de contracter avant un effort les muscles du périnée, notamment le muscle releveur de l'anus. Certains exercices se pratiquent ensuite à domicile.

Le biofeedback instrumental

Un enregistrement électrique est effectué à l'aide d'une sonde vaginale. Un signal sonore ou visuel matérialise la contraction et le relâchement des muscles. La visualisation des effets de l'exercice aide certaines à mieux comprendre le fonctionnement de leur périnée et à prendre conscience de son rôle.

Les appareils ?

«Myself entraîneur pelvien» est un appareil personnel pour la rééducation du périnée. Il est livré avec une sonde pneumatique (sans stimulation électrique). On suit un ensemble d'exercices préprogrammés (3 niveaux) pour le renforcement du périnée, tout en visualisant sur l'écran de l'appareil les contractions musculaires afin de constater les progrès. À faire cinq minutes environ quotidiennement pendant cinq à six semaines. Le site qui le commercialise signale que, suivant les mutuelles, il peut être remboursé sur prescription d'une sage-femme ou d'un médecin. Son prix : 94 €, le tarif comprend une éco-participation de 0,03 € TTC.

En savoir plus
www.bivea.fr

Astuce

Celles qui n'arrivent pas très bien dans un premier temps à contracter les muscles du périnée peuvent suivre le conseil de Rina Nissim, une naturopathe suisse, auteure du livre *Mamamelis, manuel de gynécologie naturopathique à l'usage des femmes*[50] : « Il faut commencer par contracter et relâcher les muscles du visage, ceux qui sont autour de la bouche et des yeux. Tous les sphincters sont reliés embryologiquement et au bout d'un moment, les autres sphincters suivent par réflexe. »

La sexualité

« Globalement, constate Bernadette de Gasquet, aucune femme ne s'en préoccupe avant trois ou même quatre mois après la naissance. Et la première fois, c'est souvent douloureux et difficile. Elles ne le font pas pour elles mais pour leur compagnon. Elles ont besoin d'amour, de caresses, de tendresse, mais pas de sexe. Cela peut se passer autrement pour certaines. Cela dépend du couple et de sa relation à la sexualité. »

Elles le vivent

« Suite à mon accouchement avec ventouse et épisiotomie, la sage-femme avec laquelle j'ai fait la rééducation a trouvé une effraction musculaire au niveau du périnée qui provoquait une tension dans tout le côté droit et donc des douleurs à la pénétration. Elle m'a fait effectuer des exercices de rééducation (pas avec la sonde) et des massages avec la crème Rescue, à base d'élixirs floraux. La situation s'est très vite améliorée alors que j'en souffrais depuis des mois. Le gynécologue ne m'avait pas été d'un grand secours : pour lui, tout était normal, il pensait aussi que c'était normal d'avoir mal aux seins lorsque l'on allaite... Négliger, comme ils le font, les tensions auxquelles a été soumis le périnée et ne pas se préoccuper des suites de déchirures, c'est vraiment n'importe quoi. »

La contraception après bébé

Il n'est jamais vraiment facile de trouver un mode de contraception adapté à sa situation.

Encore moins quand on vient d'accoucher et qu'on est une maman bio.

Les méthodes hormonales sont bien sûr utilisables[51] (avec les réserves ci-dessous en cas d'allaitement), mais vous aurez peut-être envie de recourir à une méthode plus respectueuse de la physiologie et engendrant moins d'effets secondaires.

Beaucoup ne sont guère utilisables dans le post-partum immédiat, soit en raison d'un risque infectieux, soit parce qu'elles nécessitent un retour à la normale des organes génitaux, question taille et tonicité. De toute façon, les quatre à six premières semaines, le risque de grossesse est quasi nul, et peu de femmes ont envie de reprendre tout de suite les rapports sexuels.

Mais passées ces quatre à six premières semaines (où l'on peut néanmoins utiliser le préservatif masculin), on pourra se faire poser un stérilet (pas avant 4 semaines après l'accouchement[52]), utiliser les méthodes barrière (préservatif masculin et féminin, cape cervicale, diaphragme – en faisant revérifier les dimensions), ou utiliser les méthodes « naturelles », comme la méthode sympto-thermique (qui combine méthode Billings – c'est-à-dire l'observation des modifications de la glaire cervicale –, prise de température et auto-observation des modifications du col de l'utérus).

En savoir plus

Les recommandations de l'Anaes, « Stratégies de choix des méthodes contraceptives chez la femme », www.has-sante.fr/portail/display.jsp?id=c_272385

Le site de Martin Wincker : http://martinwinckler.com

Le numéro de septembre 2008 d'Alternative-Santé

Sur la MAMA, le site de l'OMS : www.who.int/reproductive-health/publications/fr/dmt/17mama.ppt

Si vous allaitez

Aucun moyen contraceptif n'est contre-indiqué pendant l'allaitement. Mais les pilules œstroprogestatives (voire, dans certains cas, les progestatives, surtout quand elles sont prises moins de six semaines après l'accouchement) comportent un risque sérieux de baisse de la lactation. Il vaut donc mieux les éviter si l'on souhaite allaiter longtemps, surtout les six premiers mois.

Même chose pour les autres moyens diffusant des œstrogènes.

Où trouver diaphragmes, capes, préservatifs féminins Femidon ?

http://www.bivea.fr/rv2-Contraception-2.htm

Si vous souhaitez vous faire poser un stérilet, ne vous laissez pas dire qu'on ne peut le faire qu'après le retour de couches (qui, en cas d'allaitement prolongé, peut attendre des mois). On peut le poser comme à une femme qui n'allaite pas. Et pas besoin pour ça de provoquer de fausses « règles » en prenant un médicament.

Et sachez que l'allaitement, pour peu qu'il s'agisse d'un allaitement complet et à la demande, et qu'on n'ait pas eu de retour de couches, protège aussi bien d'une nouvelle grossesse que la plupart des méthodes modernes de contraception – au moins pendant les six premiers mois. C'est ce qu'on appelle la MAMA, méthode d'allaitement maternel et d'aménorrhée. L'Organisation mondiale de la santé a diligenté sur le sujet des études de grande ampleur qui ont validé le consensus des experts.

Des protections bio ?

Si les règles sont revenues, vous pourrez avoir envie d'adopter des protections bio.

Il y a tout d'abord des protections jetables – tampons, serviettes hygiéniques et protège-slips – fabriquées avec du coton biologique. Par exemple, les produits de la gamme Natracare (www.natracare.com) sont garantis 100 % coton biologique, non blanchis au chlore, dépourvus de viscose, liants, plastiques, surfactants, latex et parfums (tous composants pouvant engendrer allergies, irritations, douleurs, démangeaisons...), entre 95 % et 100 % biodégradables et « compostables ».

Autre solution, encore plus respectueuse de l'environnement et économique : les serviettes hygiéniques lavables, qui, comme les couches lavables pour bébés, n'ont rien à voir avec les protections utilisées par nos grand-mères. Des marques ? Lunapads, Popolini... De nombreux sites marchands en vendent, mais vous pouvez aussi les fabriquer vous-même !

Enfin, la coupe menstruelle (Mooncup, DivaCup, Lunette...) est une sorte de petit entonnoir en silicone qu'on insère dans le vagin. Il suffit de la vider toutes les quatre à huit heures selon l'abondance du flux, dans un lavabo ou dans les toilettes. Bien entretenue, elle peut être utilisée pendant une dizaine d'années. Elle ne peut néanmoins pas être utilisée dans les six semaines suivant l'accouchement.

Vos bons plans

La thalassothérapie

En savoir plus
www.allo-thalasso.com

De nombreux centres proposent un suivi personnalisé de la maman, ainsi qu'une nursery pour bébé. Aux soins de détente habituels, bains bouillonnants, massages sous l'eau et enveloppements d'algues, sont associées des prestations adaptées à chaque femme : suivi diététique, aquagym, séances de kinésithérapie pour apprendre à s'occuper de son tout-petit en ménageant son dos, soins reminéralisants pour chasser la fatigue.

La pressothérapie diminue la sensation désagréable de jambes lourdes causée par une faiblesse du système veineux et stimule le retour veineux. Elle est effectuée à l'aide de bottes gonflables, cette technique de drainage pneumatique et mécanique opère un massage par compression et décompression douces des pieds jusqu'à l'aine. Les résultats sont une réduction du gonflement et de la lourdeur des membres inférieurs, ainsi qu'un bien-être et un confort accru.

Il existe aussi des soins décontracturants à base de massages sous l'eau pour chasser les douleurs dorsales, du travail en piscine pour remuscler le dos en douceur. Sans oublier le drainage lymphatique, et la relaxation. Certains centres proposent même la rééducation périnéale en piscine, d'autres des séances de massage avec son bébé.

L'ostéopathie

Un suivi ostéopathique post-partum peut également aider à retrouver un équilibre postural satisfaisant. Le déplacement du sacrum peut être à l'origine d'une lombalgie ou d'une sciatique ; la modification de la position de l'intestin peut se traduire par des problèmes de constipation ; des déséquilibres du plancher pelvien produisent parfois des douleurs vaginales, notamment lors des rapports sexuels, voire même des fuites urinaires dues à des troubles de la statique pelvienne et à un mauvais équilibre du bassin. L'ostéopathe procède à un rééquilibrage du bassin, et prépare ainsi à la rééducation pelvienne.

En savoir plus
www.osteopathie.org

Autour de la difficulté d'être mère

La maternité s'accompagne toujours de remaniements psychiques. C'est une traversée d'une rive à une autre, d'une femme à une mère, du statut de fille à celui de mère. « Cela peut prendre du temps, différer selon les femmes, et nécessiter un accompagnement spécifique », explique les femmes à l'origine de l'association Maman blues qui a vu le jour en janvier 2006, précédé en 2004 par la création du site www.maman-blues.org.

« Difficulté maternelle... En France, le mot est tabou. On emploie soit des termes psychiatriques lourds, dépression post-partum, psychose puerpérale, soit un petit mot léger, baby blues, alors que l'on plonge dans les émotions, les bouleversements de pensée et les questionnements qui concernent de nombreuses nouvelles mamans. »

Le drainage lymphatique

Le système lymphatique contribue au drainage de l'organisme. En cas de dysfonctionnement et de formation d'un œdème, il fait partie des techniques utilisées pour favoriser la circulation dite « de retour ».

En savoir plus

www.drainage-lymphatique-vodder.com
www.bbplouf-angers.org
Sur www.femininbio.com/maman/des recettes pour la beauté du corps dans « Après la grossesse, retrouver son corps » par Jackie Peric Mercier[53].

Maigrissez en allaitant

Après la naissance, on a très envie de retrouver sa taille d'antan, de remettre ses vêtements d'avant la grossesse.

Or les kilos qui restent après l'accouchement ont leur raison d'être : fournir une source de calories pour la fabrication du lait maternel.

On comprend donc qu'à moyen terme et sans faire de régime particulier, les femmes qui allaitent retrouvent généralement plus facilement leur poids d'équilibre que celles qui n'allaitent pas. C'est ce que montrait par exemple une étude faite en 2002[54].

Cela dit, on peut avoir encore quelques kilos à perdre malgré l'allaitement. Et là, rien n'empêche de faire un régime, à condition de rester raisonnable et de respecter quelques précautions : attendre deux ou trois mois après l'accouchement; éviter les régimes trop restrictifs[55]; ne pas chercher à perdre plus de 2 à 3 kg par mois; et ne pas oublier l'exercice physique qui est, de plus, bon pour le moral !

Votre stratégie alimentaire

Élaborez votre propre stratégie alimentaire selon quelques principes simples, en n'oubliant jamais le plaisir de manger :

- Ne vous mettez pas au régime, mais ne banalisez pas une prise de poids importante, et éventuellement consultez une diététicienne.

En savoir plus

www.adlf.org.

- Mangez avec régularité, frugalité, et le plus varié possible.
- Mangez en quantités raisonnables, ni trop peu ni pas assez. Un corps sans nourriture pour actionner son métabolisme ne brûle pas les graisses superflues.
- Ne sautez jamais de repas, ne grignotez pas dans la journée.
- Consommez de grandes quantités de fruits et de légumes, de saison de préférence, des céréales et des légumes secs, lentilles, pois, fèves, haricots rouges, etc. Ils favorisent la satiété et un bon transit intestinal. Si l'épluchage vous effraie, achetez des légumes surgelés.
- Diminuez le sel, il favorise la rétention d'eau et la peau d'orange. Achetez du sel aux herbes dans les boutiques diététiques et utilisez le maximum de condiments et d'aromates pour donner du goût aux aliments.
- Buvez dès le lever pour mettre l'organisme en route et ensuite tout au long de la journée (minimum 1 l d'eau), n'oubliez pas les jus de fruits et de légumes frais. Achetez une centrifugeuse.
- Choisissez les bonnes graisses : utilisez des huiles végétales de première pression à froid bio, en les alternant : olive avec colza, tournesol avec olive, etc.
- Favorisez les viandes blanches (lapin, poulet) et diminuez les grasses (bœuf, agneau).
- Cuisez à la vapeur, à l'étouffée et au four.
- Évitez les sucres raffinés, sucre blanc, faux sucres, ils sont cancérigènes. Pensez aux épices : cannelle, vanille, noix de muscade, etc. Privilégiez les produits complets, riz, etc., et biologiques : ils offrent des glucides qui sont mieux assimilés par l'organisme.
- Attention au vin et à l'alcool.

Ces simples modifications alimentaires se révèleront être, au bout de quelques semaines, une véritable source de bien-être.

En savoir plus

C. Bouguet-Joyeux, *Cent Nouvelles Recettes, tout à la vapeur douce*, éditions François-Xavier de Guibert, 2005.

Notes

1. Voir par exemple le programme « préconceptionnel » (« méthode accordéon ») élaboré par M. Odent, visant à éliminer le plus possible les toxines accumulées dans le corps (www.birthpsychology.com/primalhealth/primal15.html).

2. Un nombre grandissant d'ouvrages traite de ce sujet, à commencer par celui de C. Piraud-Rouet et E. Sampers, *Attendre son enfant autrement*, éditions La Plage, 2008 (une véritable somme).

3. C.M. Chaparro *et al.*, « *Effect of Timing of Umbilical Cord Clamping on Iron Status in Mexican Infant : a Randomised Controlled Trial* », *Lancet*, 2006 ; 367 (9527) : 1997-2004.

4. Même si la mère ne souhaite pas allaiter, le bébé peut bénéficier d'une « tétée de bienvenue » au cours de ces premiers moments.

5. K. Christensson *et al.*, « *Separation Distress Call in the Human Neonate in the Absence of Maternal Body Contact* », *Acta Paediatrica*, 1995 ; 84 : 468-73.

6. Voir par exemple, M.R. Keefe, « *The Impact of Infant Rooming-in on Maternal Sleep at Night* », *Journal of Obstetric, Gynecologic & Neonatal Nursing*, 1988 ; 17 (2) : 122-6.

7. Voir ce qu'en dit B. de Gasquet dans ses ouvrages et notamment dans *Bébé est là, vive maman : les suites de couches*, éditions Robert Jauze, 2005.

8. P. Perez *et al.*, « *Bacterial Imprinting of the Neonatal Immune System : Lessons from Maternal Cells ?* », *Pediatrics*, 2007 ; 119 (3).

9. V. Verhasselt, « *Breast Milk-Mediated Transfer of an Antigen Induces Tolerance and Protection from Allergic Asthma* », *Nature Medicine* (www.nature.com/nm/index.html).

10. J. Newman, *L'Allaitement : comprendre et réussir avec le Dr Jack Newman*, Jack Newman Communication, 2007.

11. H. Melliez *et al*, « Mortalité, morbidité et coût des infections à rotavirus en France », *Bulletin épidémiologique hebdomadaire*, 2005 ; 35.

12. E.J. Mayer-Davis *et al*, « *Breastfeeding and Risk for Childhood Obesity* », *Diabetes Care*, 2006 ; 29 : 2231-37.

13. Dr Nisha Parikh, communication au congrès de l'American Heart Association, Orlando, 5 novembre 2007.

14. A.M. Stuebe *et al*, « *Duration of Lactation and Incidence of Type 2 Diabetes* », *Journal of the American Medical Association*, 2005 ; 294 (20) : 2601-2610.

15. Pour plus de détails, voir : www.lllfrance.org/allaitement-information/positions-d-allaitement.htm

16. K.A. Wambach, « *Maternal Fatigue in Breastfeeding Primiparae During the First Nine Weeks Postpartum* », *Journal of Human Lactation*, 1998 ; 14 (3) : 219-29.

17. A. Woodward *et al*, « *Acute Respiratory Illness in Adelaide Children : Breast Feeding Modifies the Effect of Passive Smoking* », *Journal of Epidemiology and Community Health*, 1990 ; 44 : 224-30.

18. R.E. Little *et al*, « *Alcohol, breastfeeding and development at 18 months* », *Pediatrics*, 2002 ; 109 (5) : e72.

19. D'autres idées pour minimiser l'exposition du lait à la pollution ici : www.lllfrance.org/allaitement-information/aa/32-pollution.htm

20. www.allergienet.com/allergies-croisees.html

21. F.R. Greer *et al*, « *Effects of Early Nutritional Interventions on the Development of Atopic Disease in Infants and Children : the Role of Maternal Dietary Restriction, Breastfeeding, Timing of Introduction of Complementary Foods, and Hydrolyzed Formulas* », *Pediatrics*, 2008 ; 121 (1) : 183-91.

22. C. Lu *et al.*, « *Dietary Intake and its Contribution to Longitudinal Organophosphorus Pesticide Exposure in Urban/Suburban children* », *Environmental Health Perspectives*, 2008. http://www.ehponline.org/members/2008/10912/10912.pdf

23. Éditions Fayard, 2005.

24. K. Michelson *et al*, « *Crying, Feeding and Sleeping Patterns in 1 to 12 Month Old Infants* », *Child Care, Health and Development*, mars-avril 1990.

25. Voir les travaux de J. J. McKenna aux États-Unis.

26. T. Doan *et al*, « *Breast-feeding Increases Sleep Duration of New Parents* », *Journal of Perinatal & Neonatal Nursing*, 2007 ; 21 (3) : 200-6.

27. C.R. Howard *et al*, « *Variations in Parental Comforting Practices and Breastfeeding Duration* », *ABM News and Views*, 2004 ; 10 (S).

28. U. A. Hunziker et R. G. Barr, « *Increased Carrying Reduces Infant Crying : A Randomized Controlled Trial* », *Pediatrics*, 1986, vol. 77 ; n° 5 : 641-48.

29. Certains de ces tissus sont bio, mais il faut savoir qu'il est très difficile, voire impossible, d'être à la fois bio et de répondre aux normes françaises qui, pour les articles de puériculture, exigent un traitement anti-feu pas très « bio »...

30. Voir sur le site de l'Arbre à bébé, où l'on peut apprendre à confectionner soi-même son écharpe de portage (larbreabebes.free.fr).

31. E. Lipton, A. Steinschneider et J. Richmond, « *Swaddling, a Child Care Practice* », *Pediatrics*, 1965, p. 521-567.

32. R. Rice, « *Neurophysiological Development in Premature Infants Following Stimulation* », *Developmental Psychology*, 1977 ; 13 (1), p. 69-76.

33. B. Hopkins, et T. Westra, « *Maternal Handling and Motor Development : an Intracultural Study* », *Genetic, Social, and General Psychology*, 1988 ; 114, p. 379-408.

34. Par exemple à Paris au Centre Tapovan (massages indiens), à l'Espace Weleda... Voir aussi le site de l'Association française de massage pour bébé (www.massage-bebe.asso.fr).

35. www.cniid.org

36. Le label Öko-Test est donné par le leader allemand des magazines écologiques *Öko-Test magazine*. Ce dernier teste tous les produits de divers secteurs industriels et traquent les substances nuisibles et toxiques. Il mentionne aussi si le produit s'utilise facilement.

37. www.tometlulu.com

38. Tissu issu du recyclage des matières plastiques.

39. *L'Essentiel de la chaussure*, magazine professionnel, 2000.

40. *Polluants chimiques, les enfants en danger*, les éditions de l'Atelier, 2007.

41. www.assemblee-nationale.fr

42. Les éthers de glycol constituent une famille de plus de 80 dérivés. Ils font d'excellents solvants. 30 d'entre eux sont utilisés en milieu industriel, notamment pour la fabrication de peintures.

43. Tout phénomène électrique produit un champ électrique et magnétique. L'énergie électromagnétique se propage sous forme d'ondes caractérisées par leur longueur et leur fréquence (nombre d'oscillations par seconde), mesurée en hertz. Plus la longueur d'ondes est petite, plus la fréquence est élevée et plus l'onde est porteuse d'énergie.

44. www.bioinitiative.org/report/index.htm

45. Éditions Vivez Soleil, 2005.

46. En Suisse, le Groupe médical de réflexion sur les vaccins a édité deux plaquettes sur le ROR et sur le vaccin contre l'hépatite B. Son adresse: Case postale 110, CH - 1010 Lausanne 10.

47. L'hydroxyde d'aluminium, le sulfate d'aluminium ainsi que le phosphate d'aluminium servent dans les vaccins en tant qu'adjuvants à l'immunité, c'est-à-dire qu'ils créent une réaction inflammatoire augmentant ainsi la réaction des anticorps.

48. La Haute Qualité Environnementale des bâtiments existe depuis les années 1990 mais reste, encore aujourd'hui, une démarche volontaire. Il ne s'agit pas d'une réglementation.

49. Bernadette de Gasquet a assuré pendant plusieurs années à la maternité des Bluets une consultation postnatale très prisée par les jeunes mamans et à laquelle elles venaient tout de suite avec le bébé.

50. Éditions Mamamélis, 2001.

51. La prescription d'une méthode œstroprogestative est déconseillée pendant les trois premières semaines qui suivent l'accouchement.

52. À savoir : la pose d'un stérilet est possible dans les 48 heures après l'accouchement, mais c'est très peu pratiqué en France.

53. Auteure du livre *Jeune maman, la nature est votre alliée*, éditions Le Souffle d'or, 2002.

54. B.L. Rooney, C.W. Schauberger, « *Excess Pregnancy Weight Gain and Long-term Obesity : One Decade Later* », *Obstetries & Gynecology* 2002 ; 100 (2) : 245-52.

55. À savoir : les Weight Watchers ont un régime spécial femmes allaitantes.

Index

Impression, brochage
Imprimerie CHIRAT - 42540 Saint-Just-la-Pendue
Dépôt légal : Février 2009 - N° 4586
N° éditeur : N°3751

Imprimé en France

Cet ouvrage est imprimé, pour l'intérieur, sur de l'Hannoart silk fabriqué par SAPPI et distribué par Papeteries de France, et pour la couverture, sur de l'Incada Silk, fabriqué par IGGESUND et distribué par Inapa.

Papiers fabriqués à partir de bois issus de forêts gérées durablement